THE BIG BOOK OF DRAWING FOR

MINECRAFTERS

STEVEN BLOCK

THIS BOOK BELONGS TO...

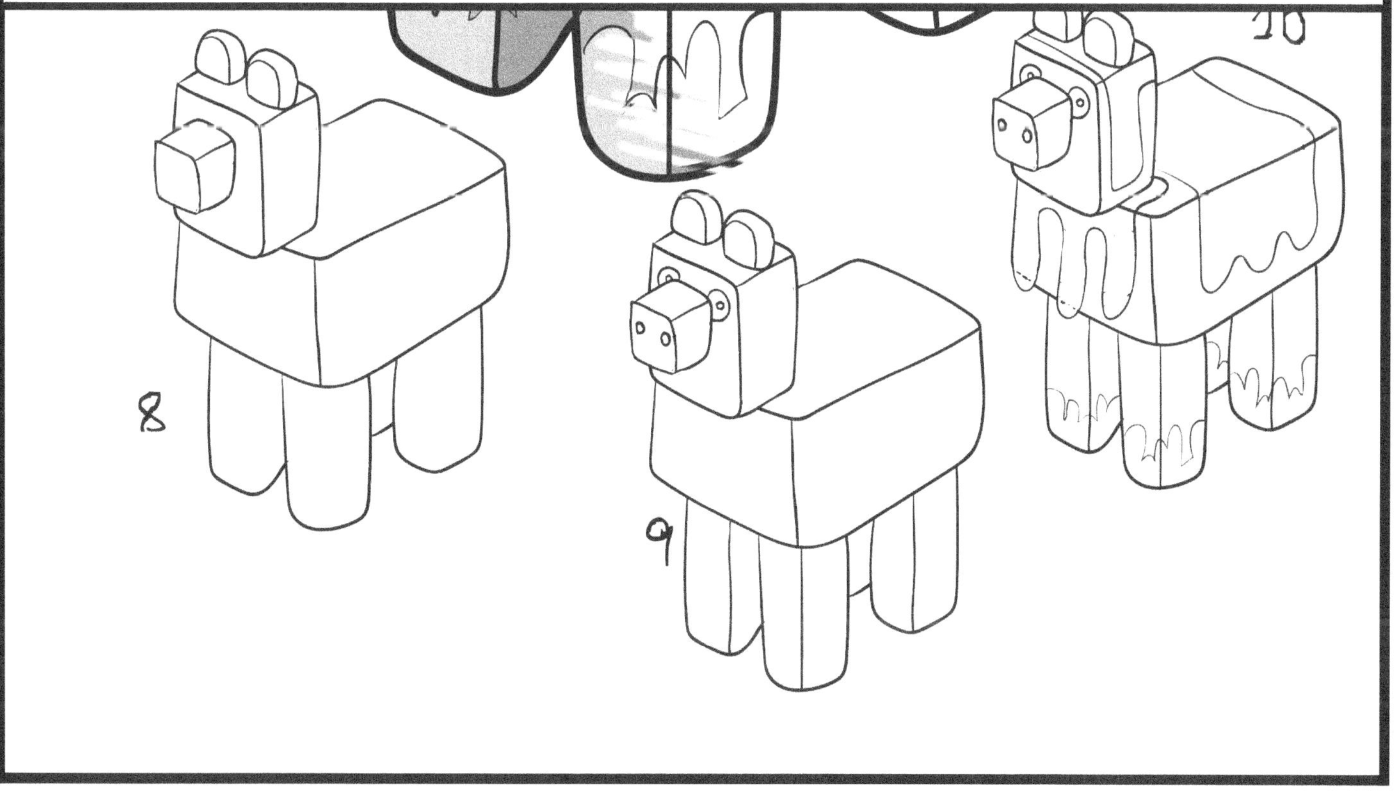

AXOLOTL

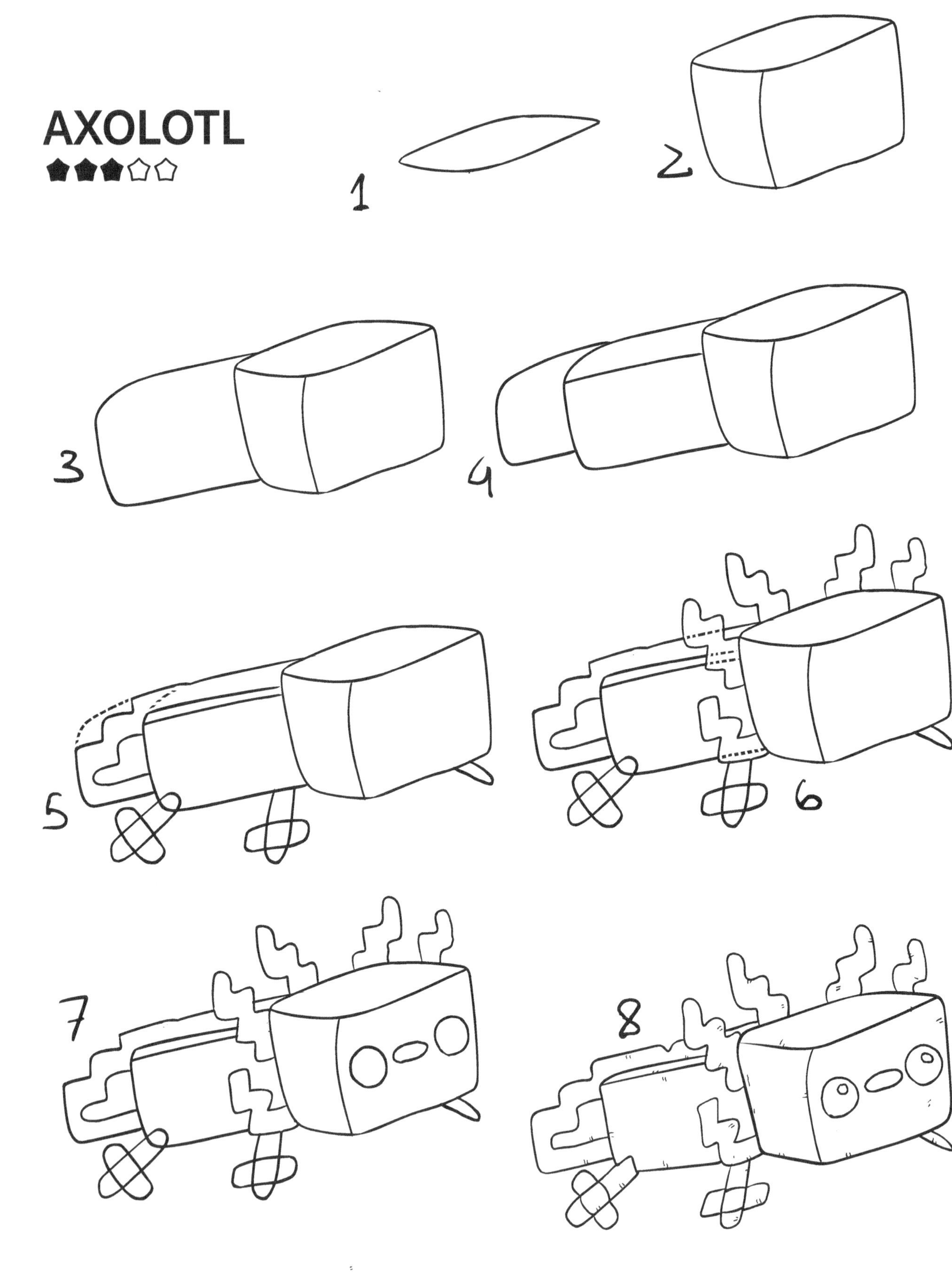

Now, it's your turn

BAT

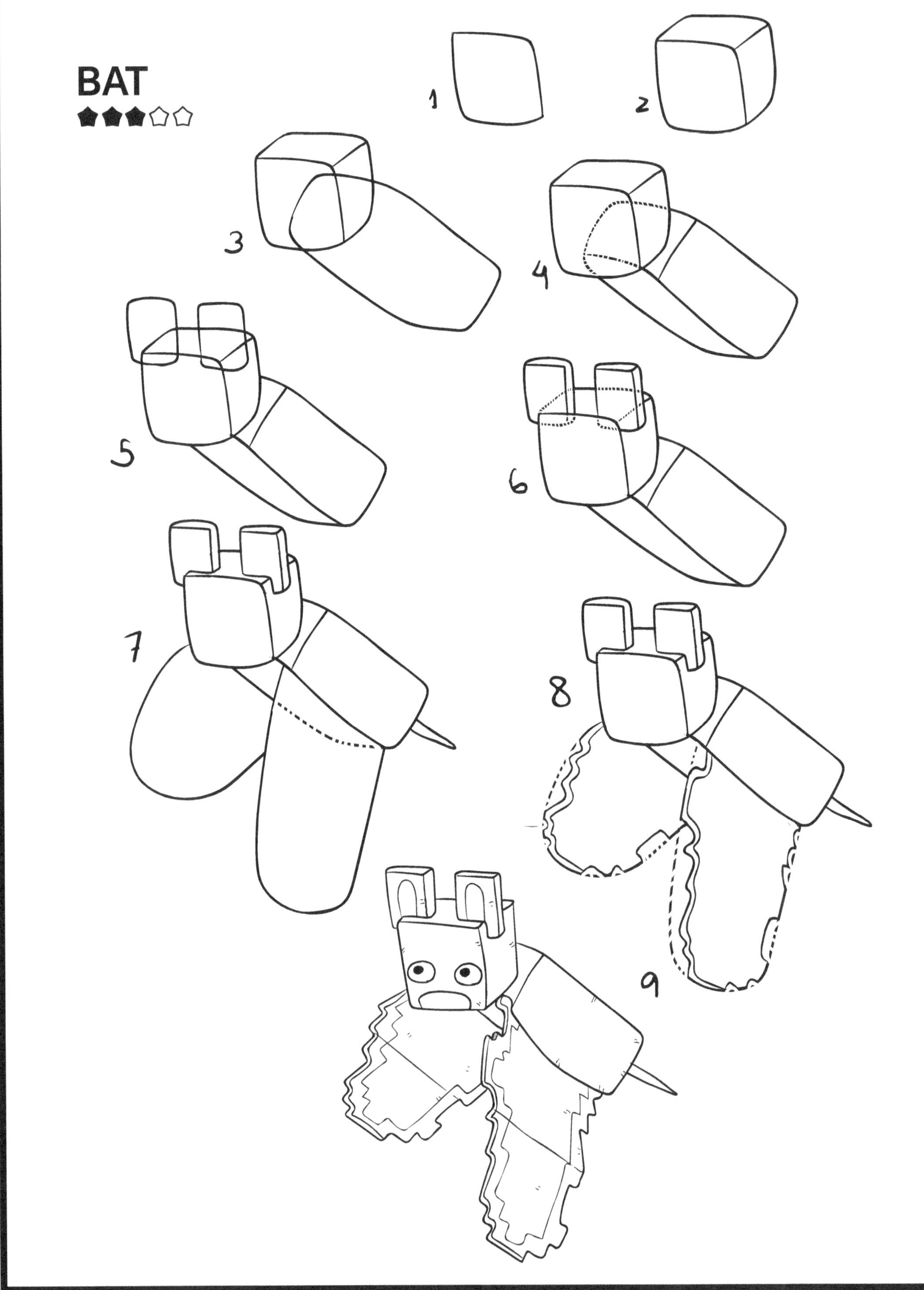

Now, it's your turn

BEE

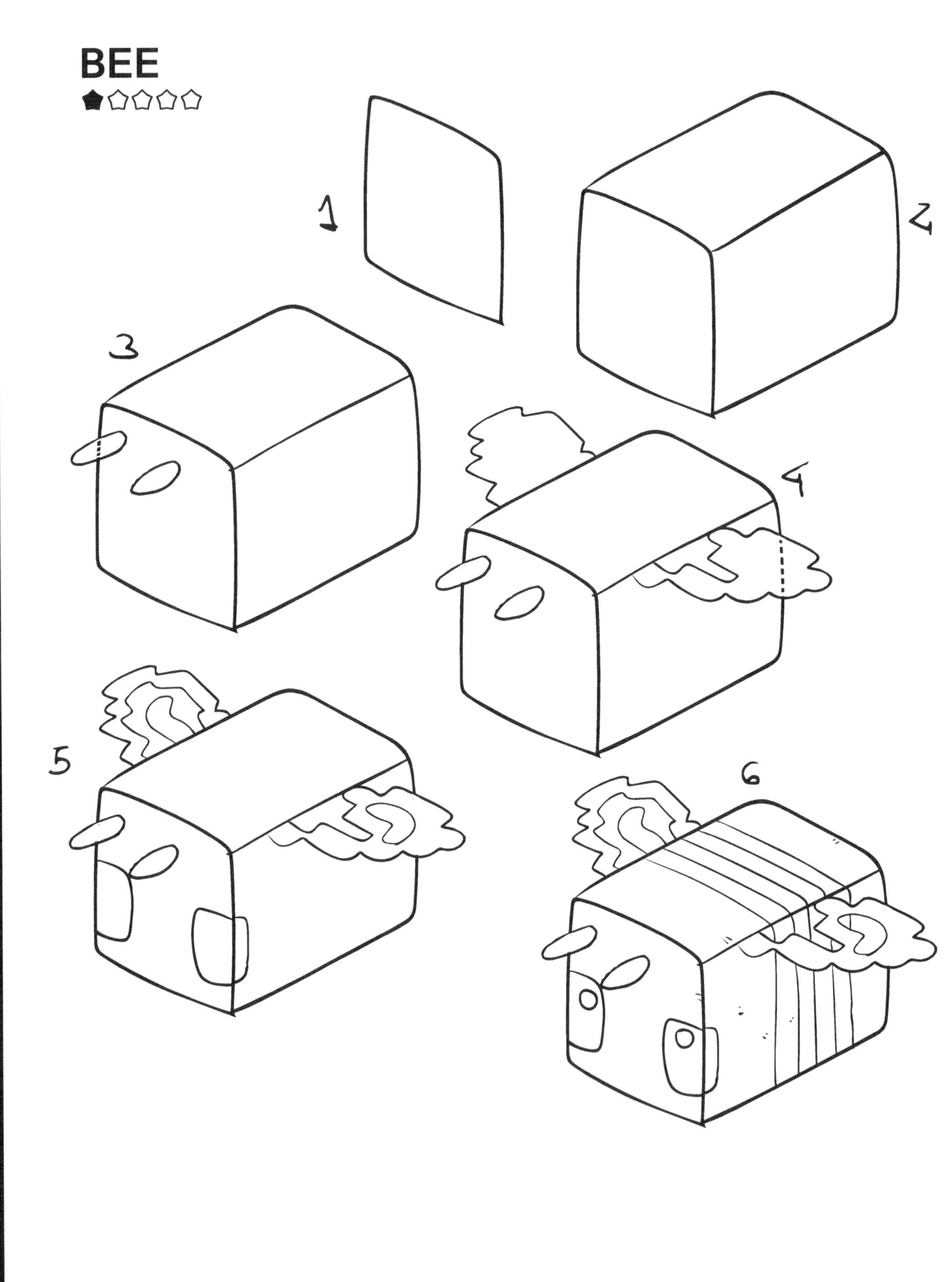

Now, it's your turn

BLAZE

★★☆☆☆

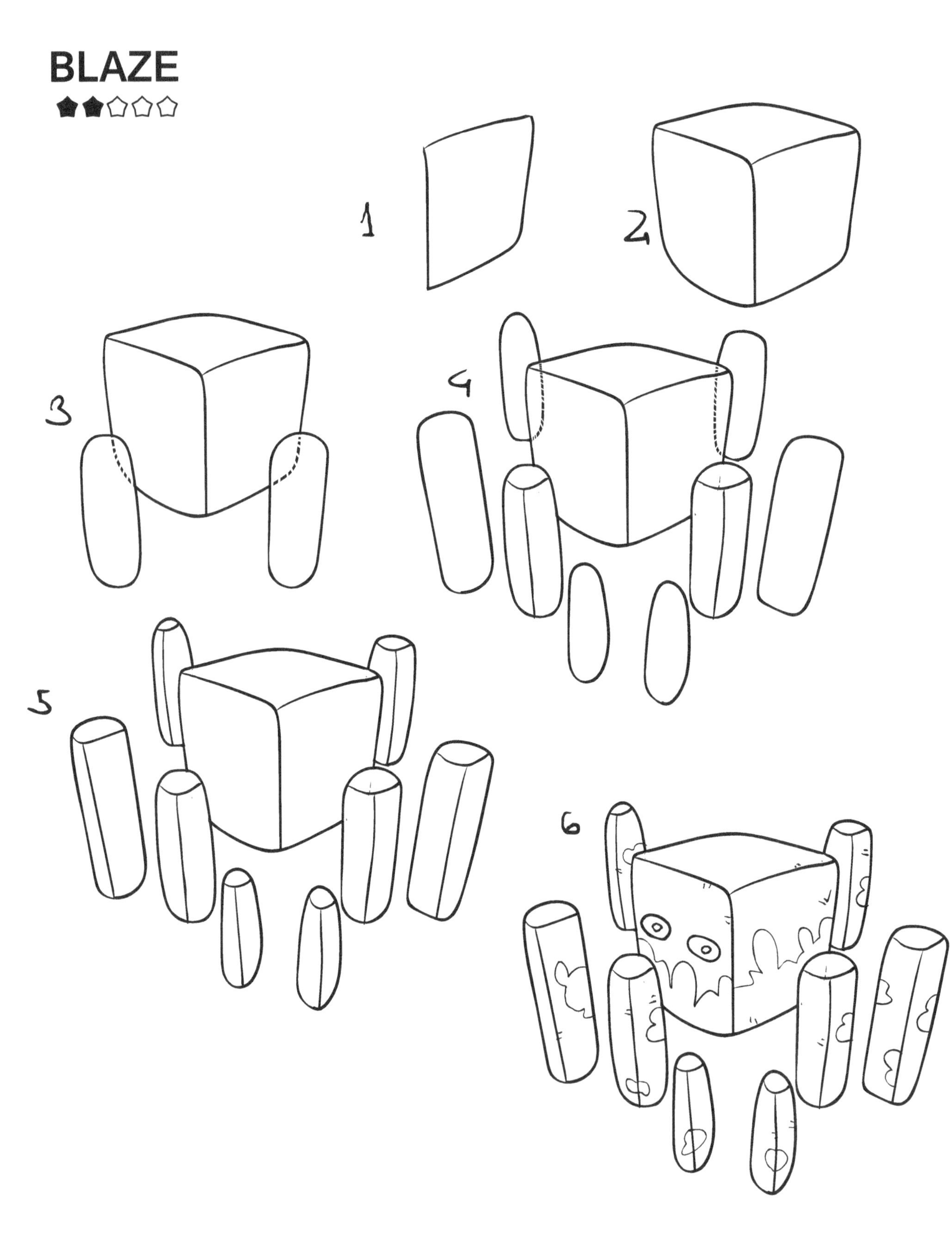

Now, it's your turn

CAT

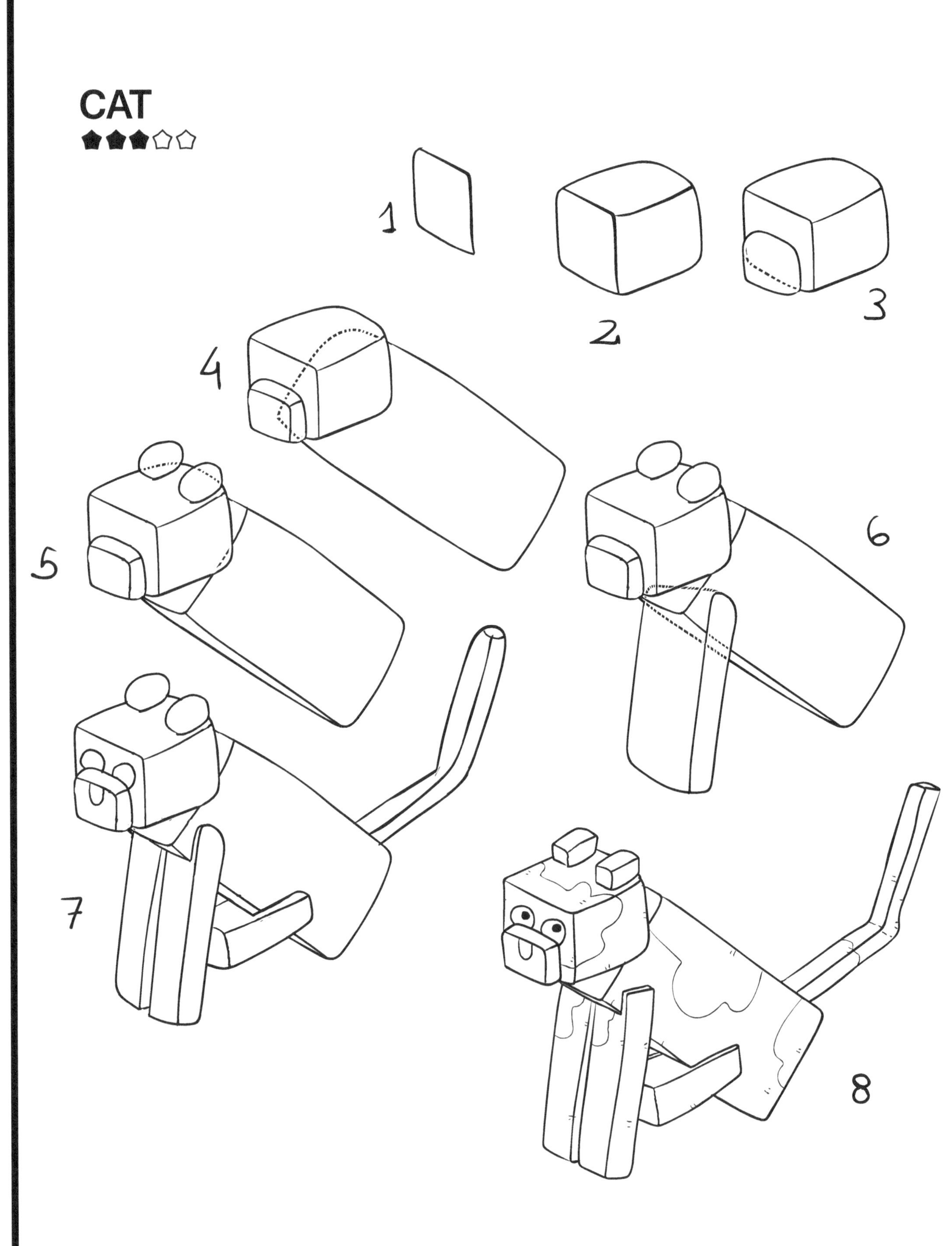

Now, it's your turn

CAVE SPIDER

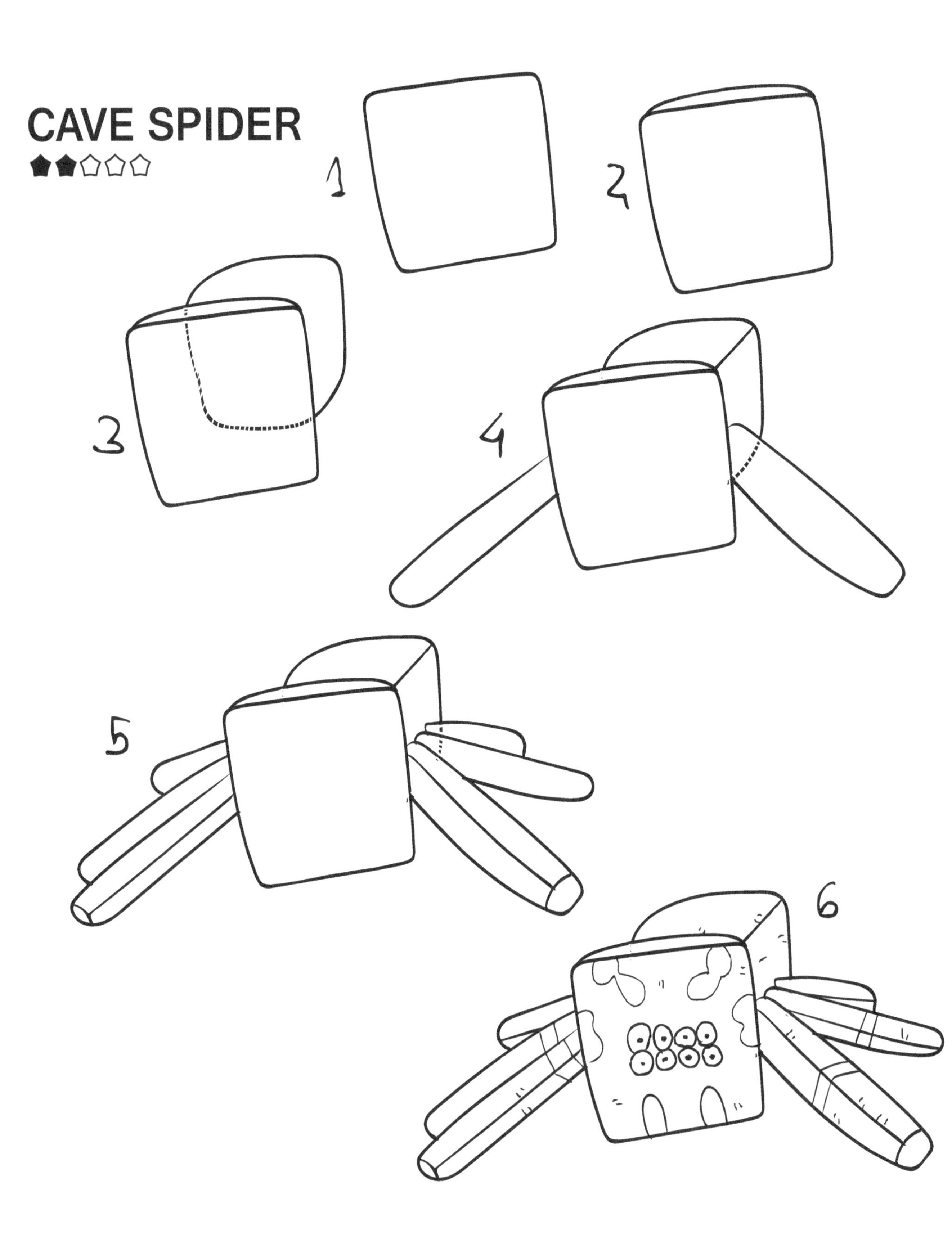

Now, it's your turn

CHICKEN

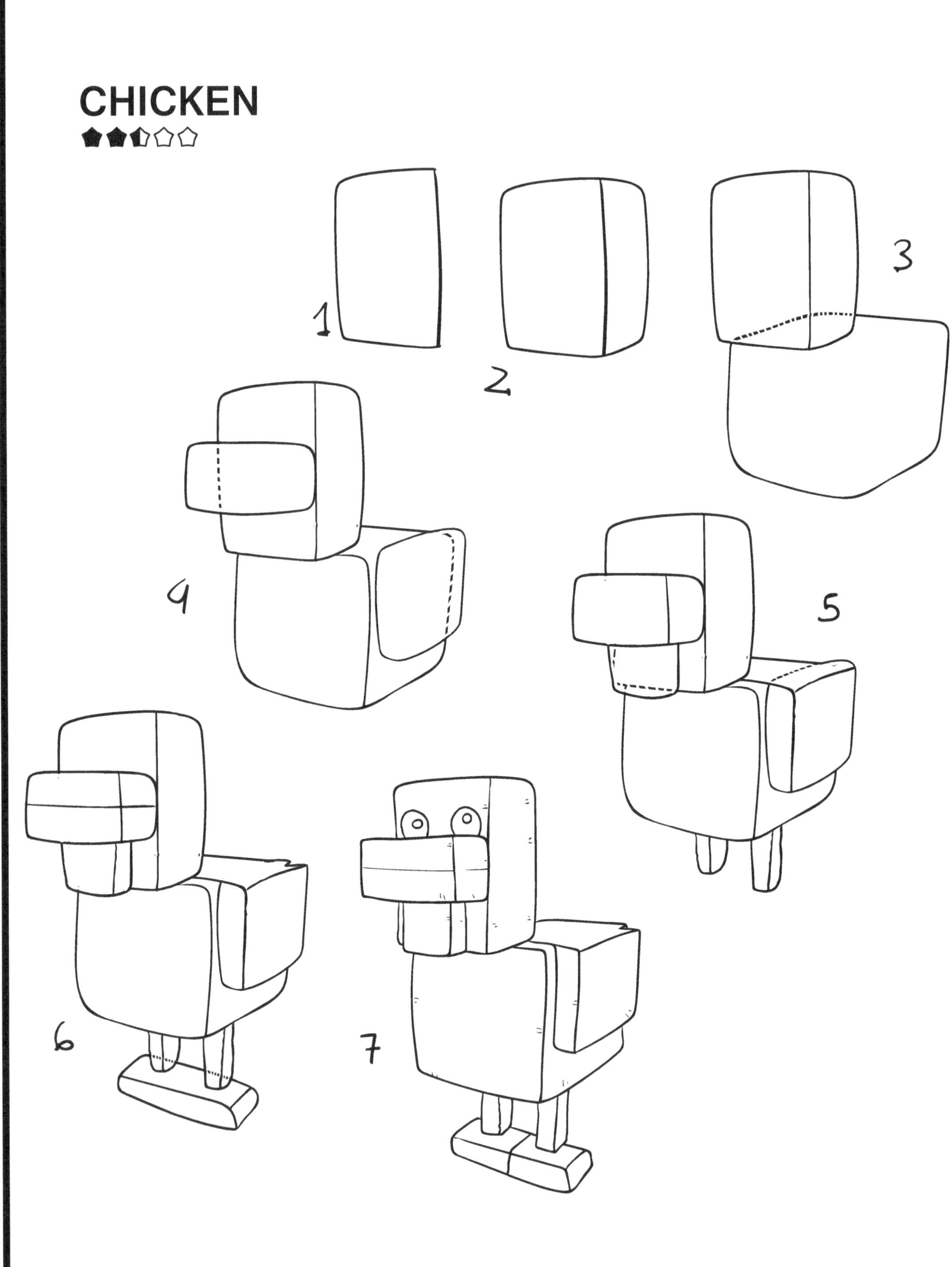

Now, it's your turn

COD

★★☆☆☆

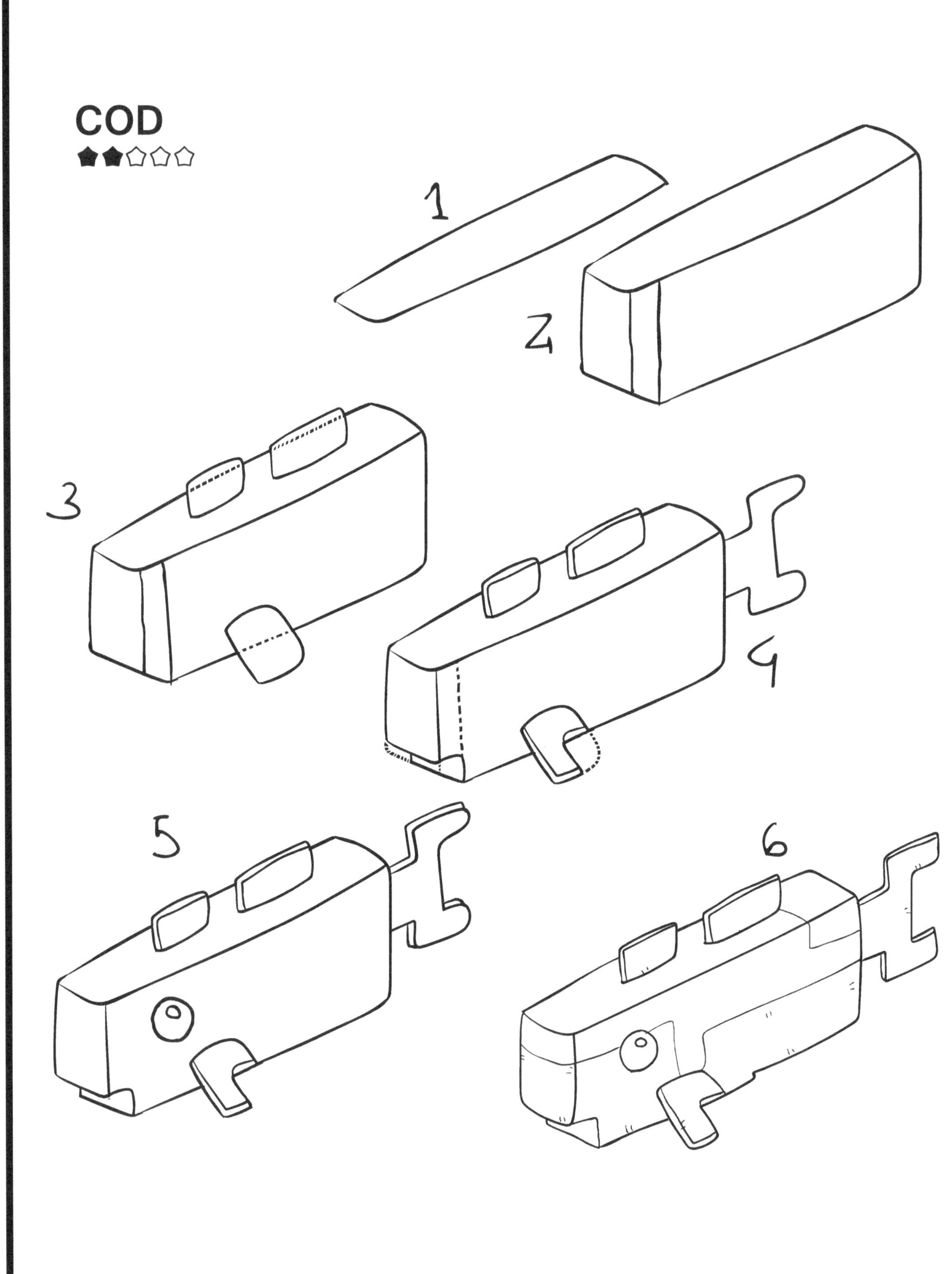

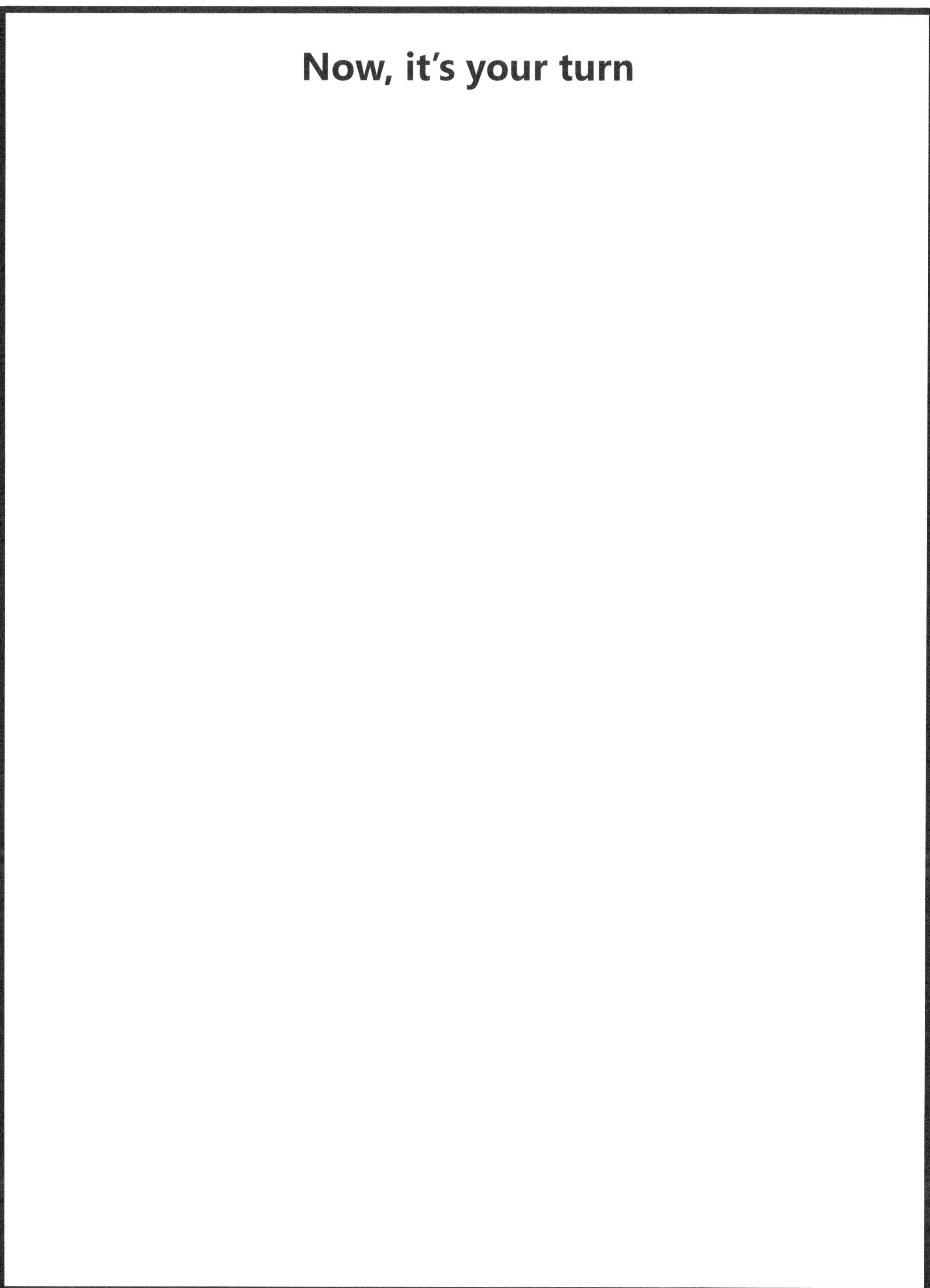

Now, it's your turn

COW

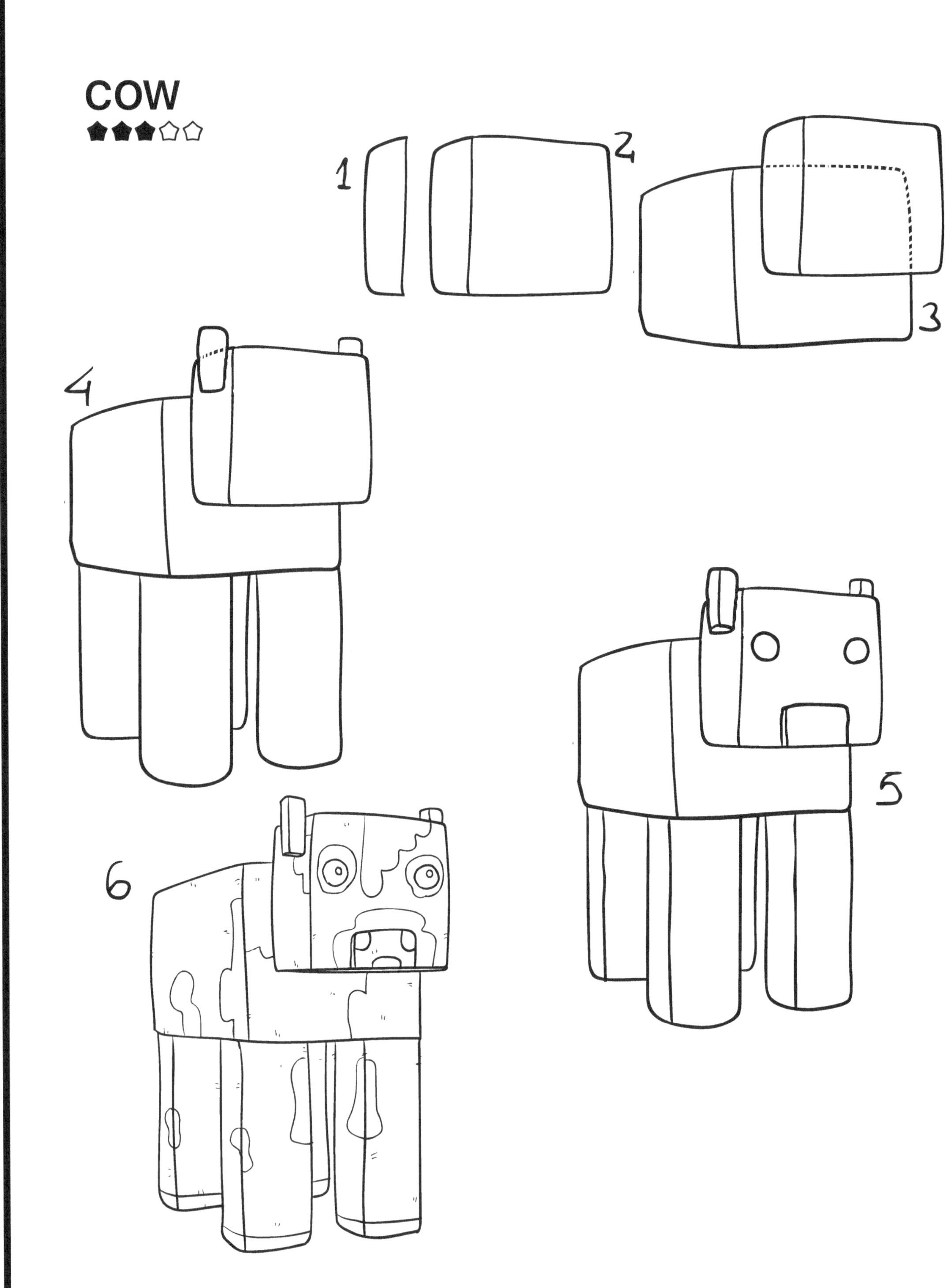

Now, it's your turn

CREEPER

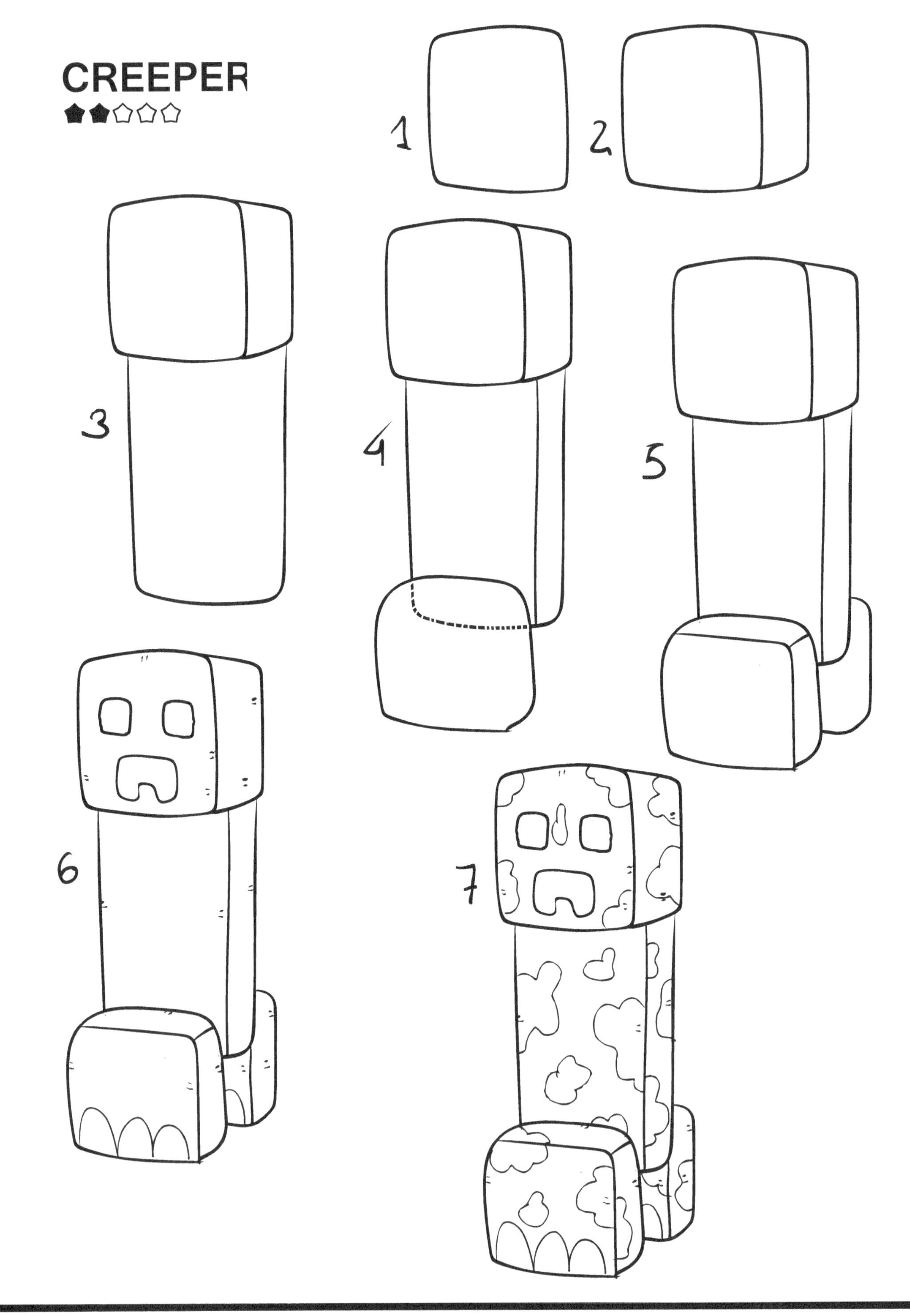

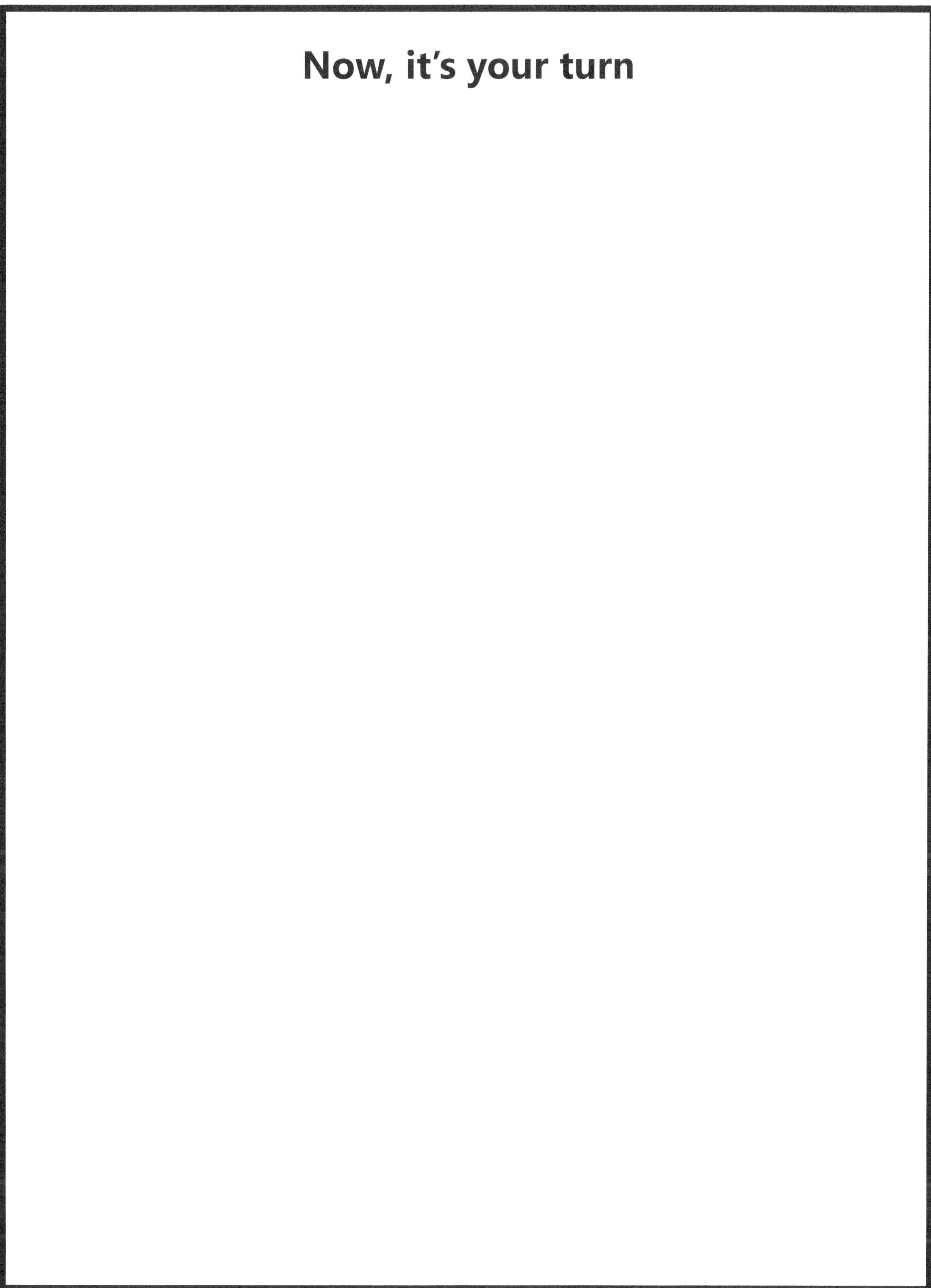

Now, it's your turn

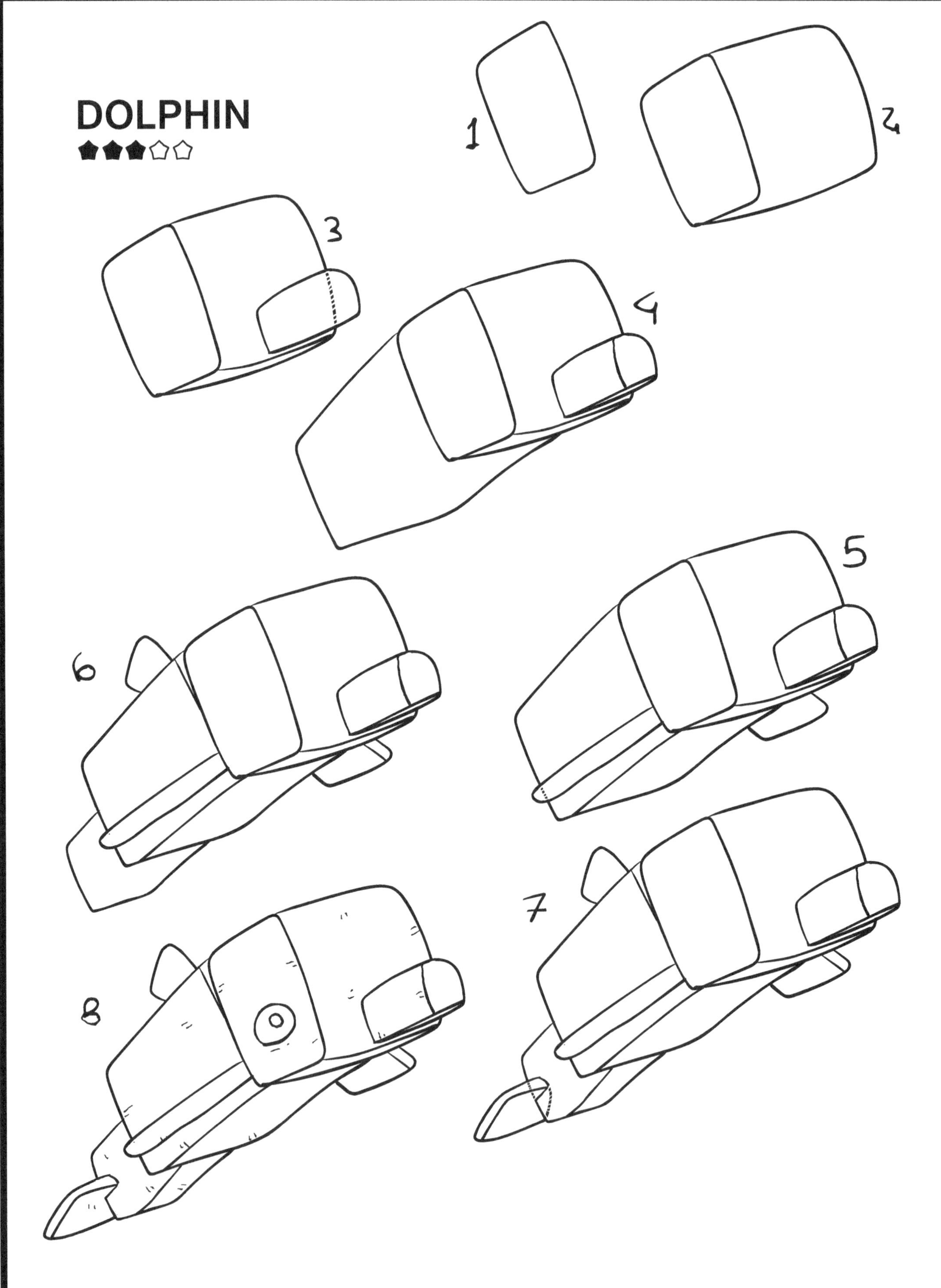

DOLPHIN
1
2
3
4
5
6
7
8

Now, it's your turn

DONKEY
★★★★☆

Now, it's your turn

DROWNED

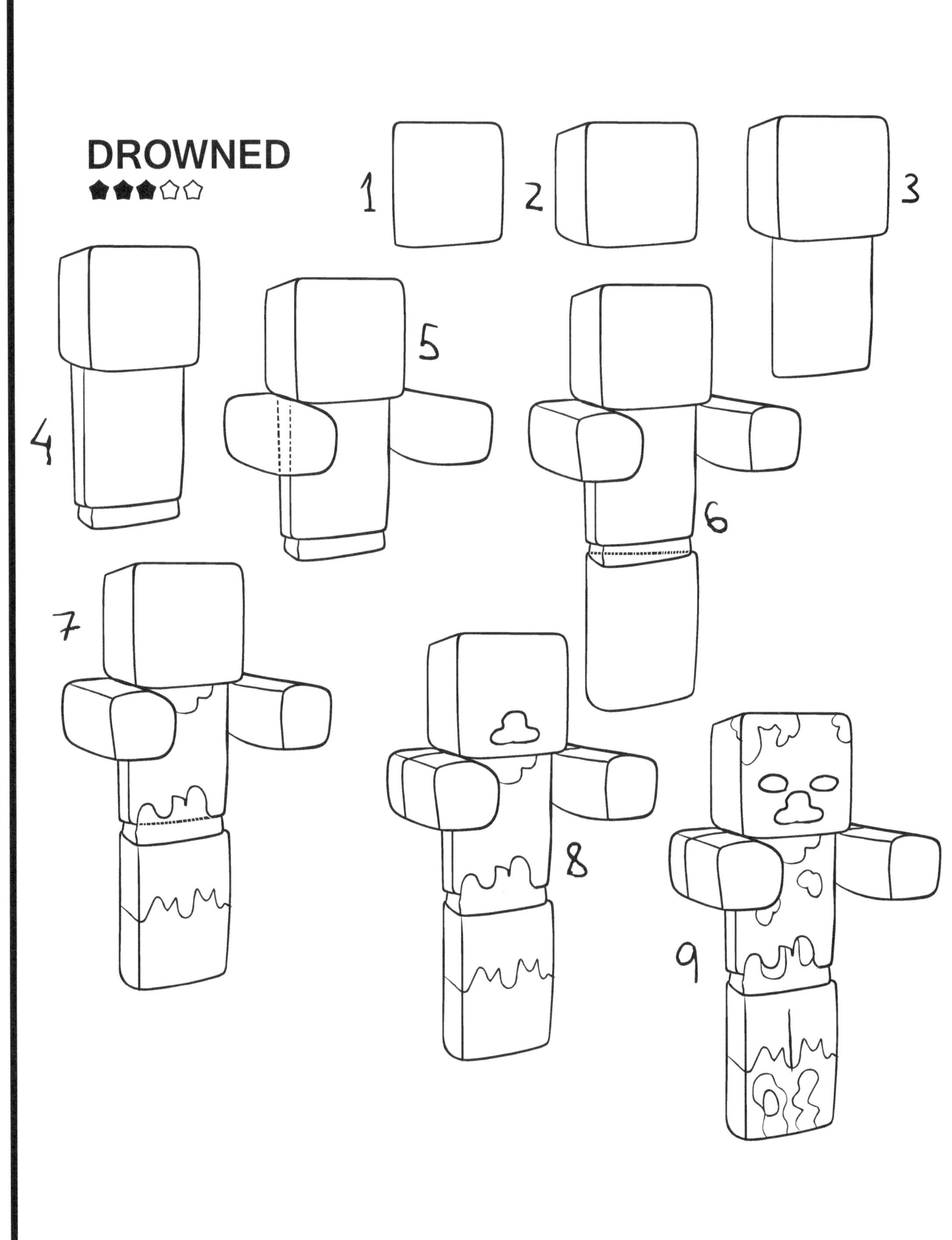

Now, it's your turn

ELDER GUARDIAN

★★★☆☆

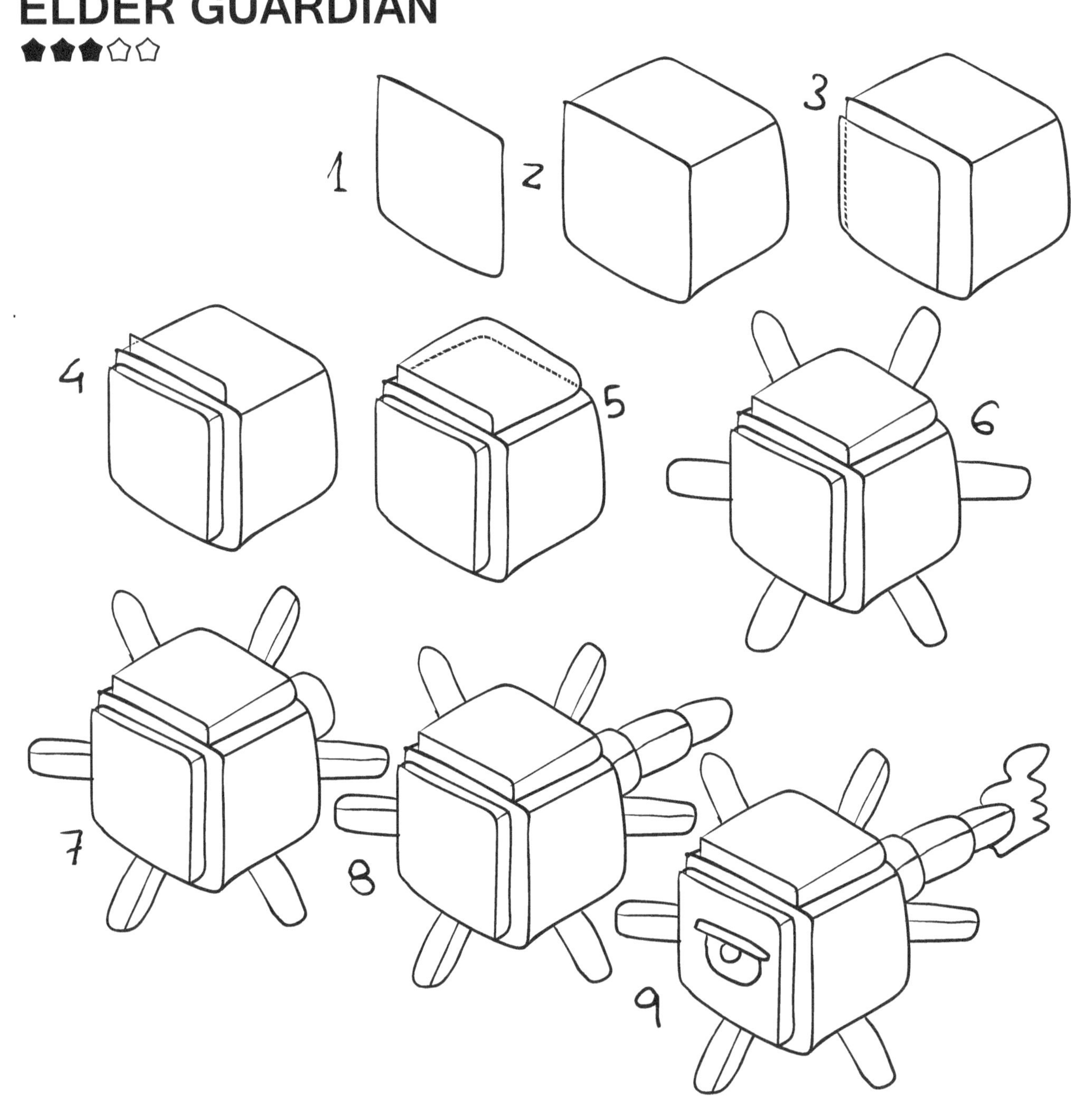

Now, it's your turn

ENDER DRAGON

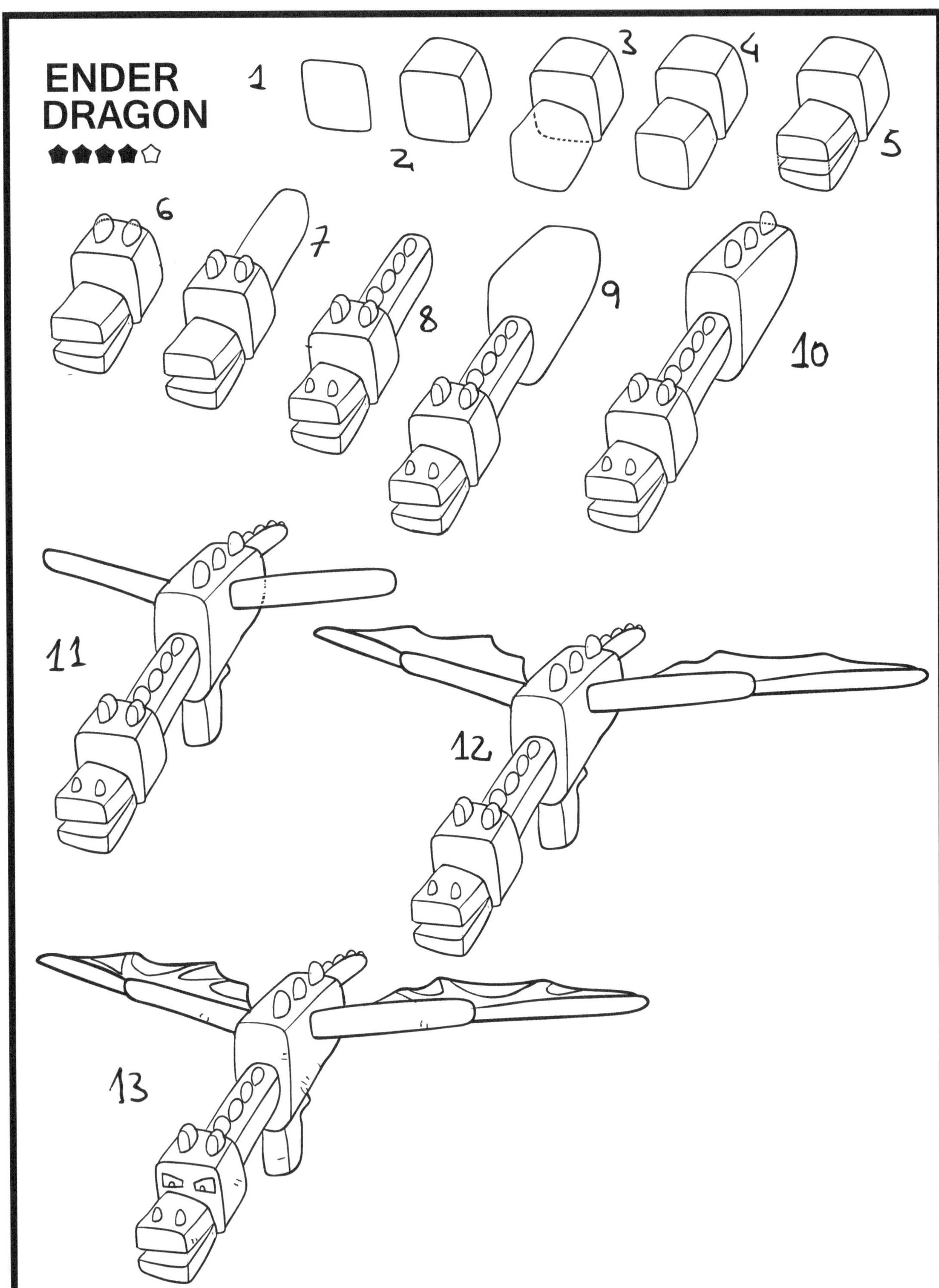

Now, it's your turn

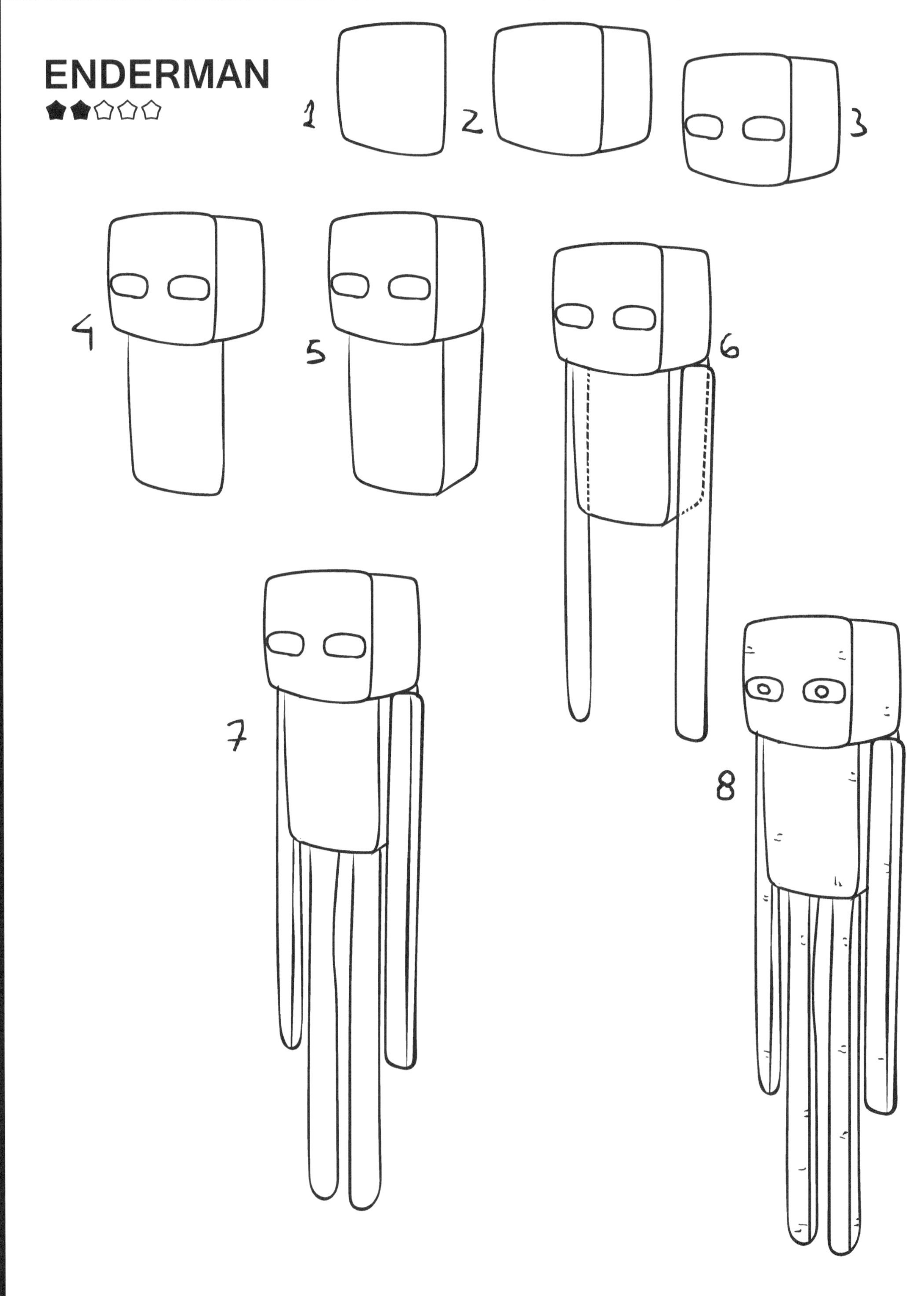

ENDERMAN
1
2
3
4
5
6
7
8

Now, it's your turn

ENDERMITE

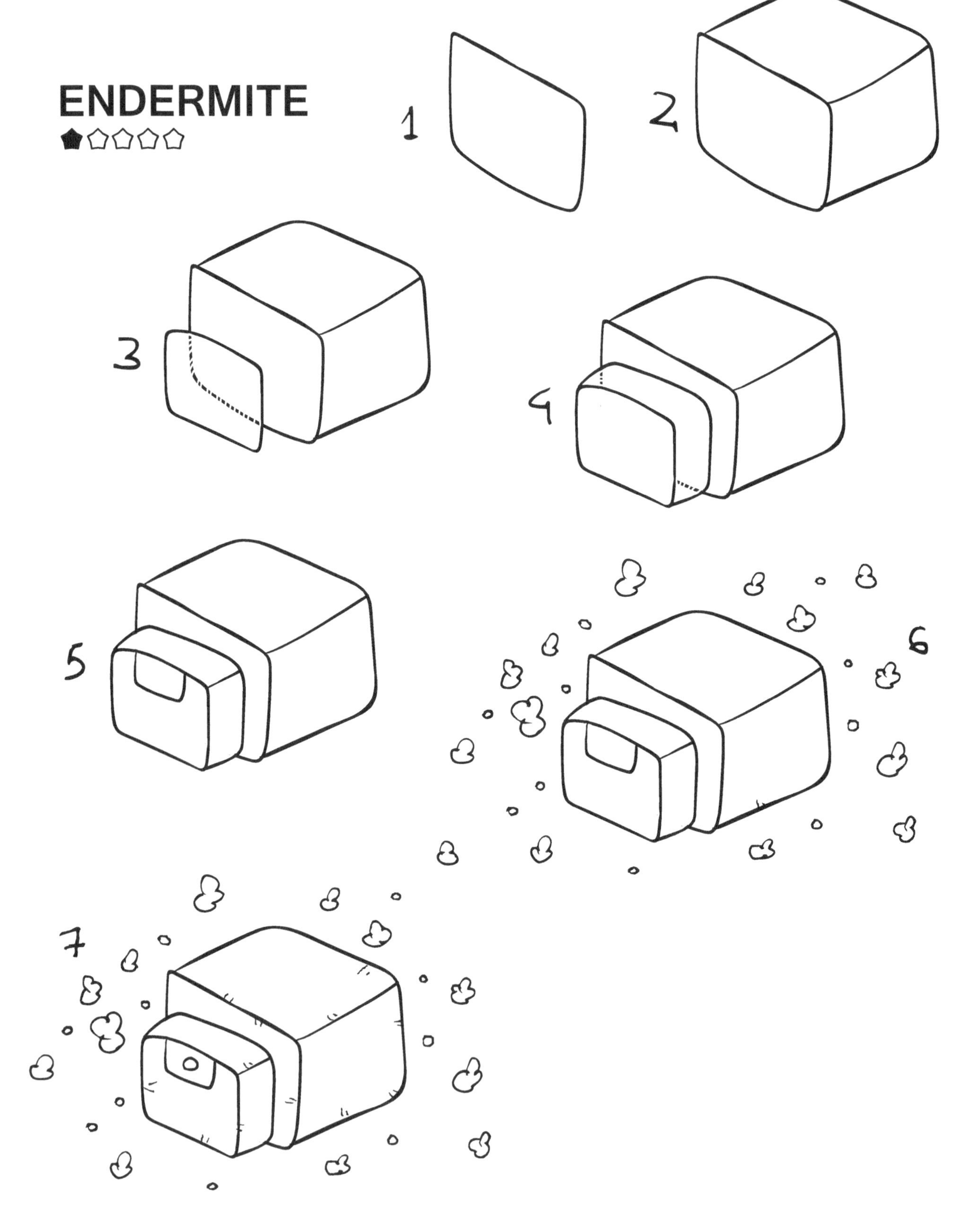

Now, it's your turn

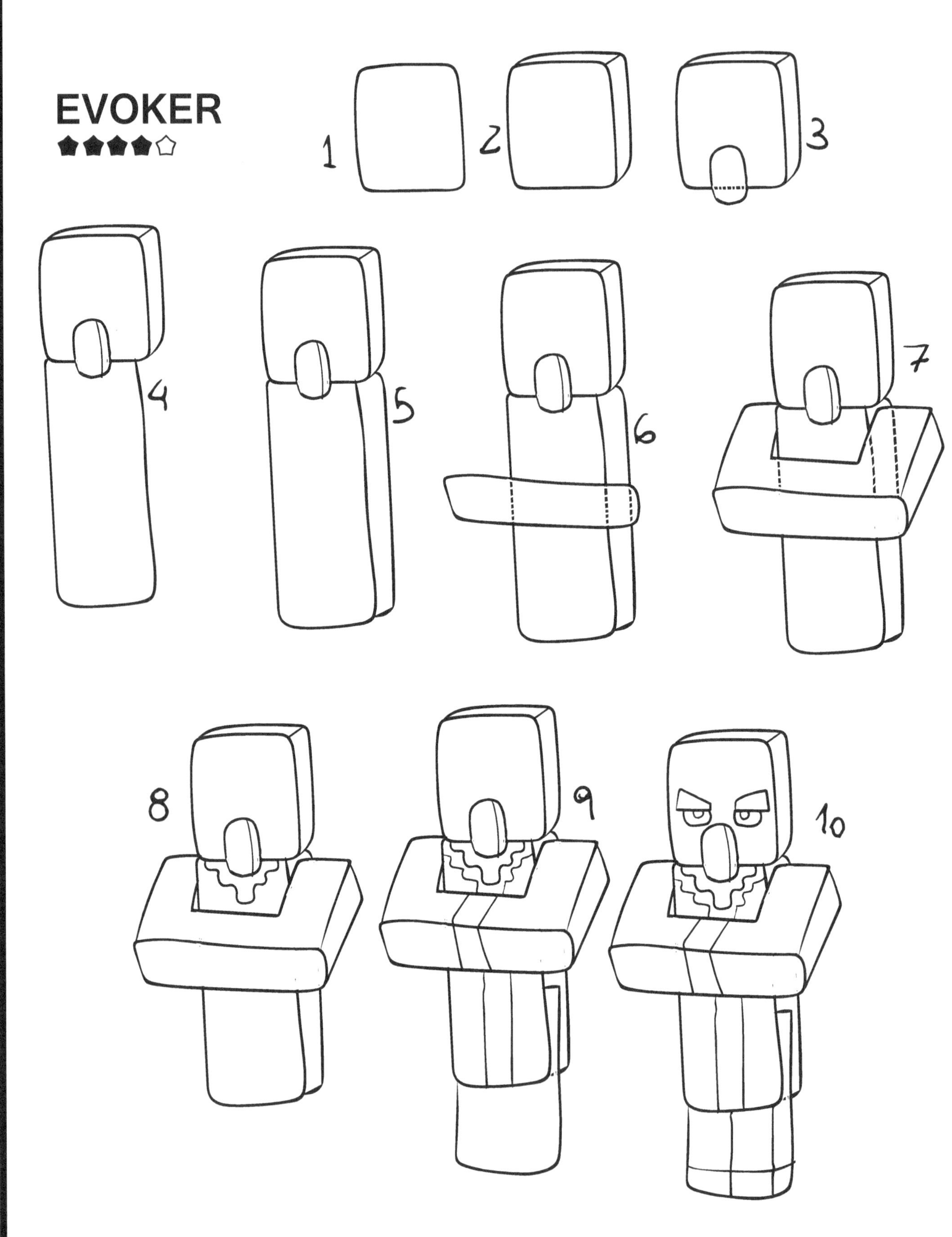

EVOKER
1
2
3
4
5
6
7
8
9
10

Now, it's your turn

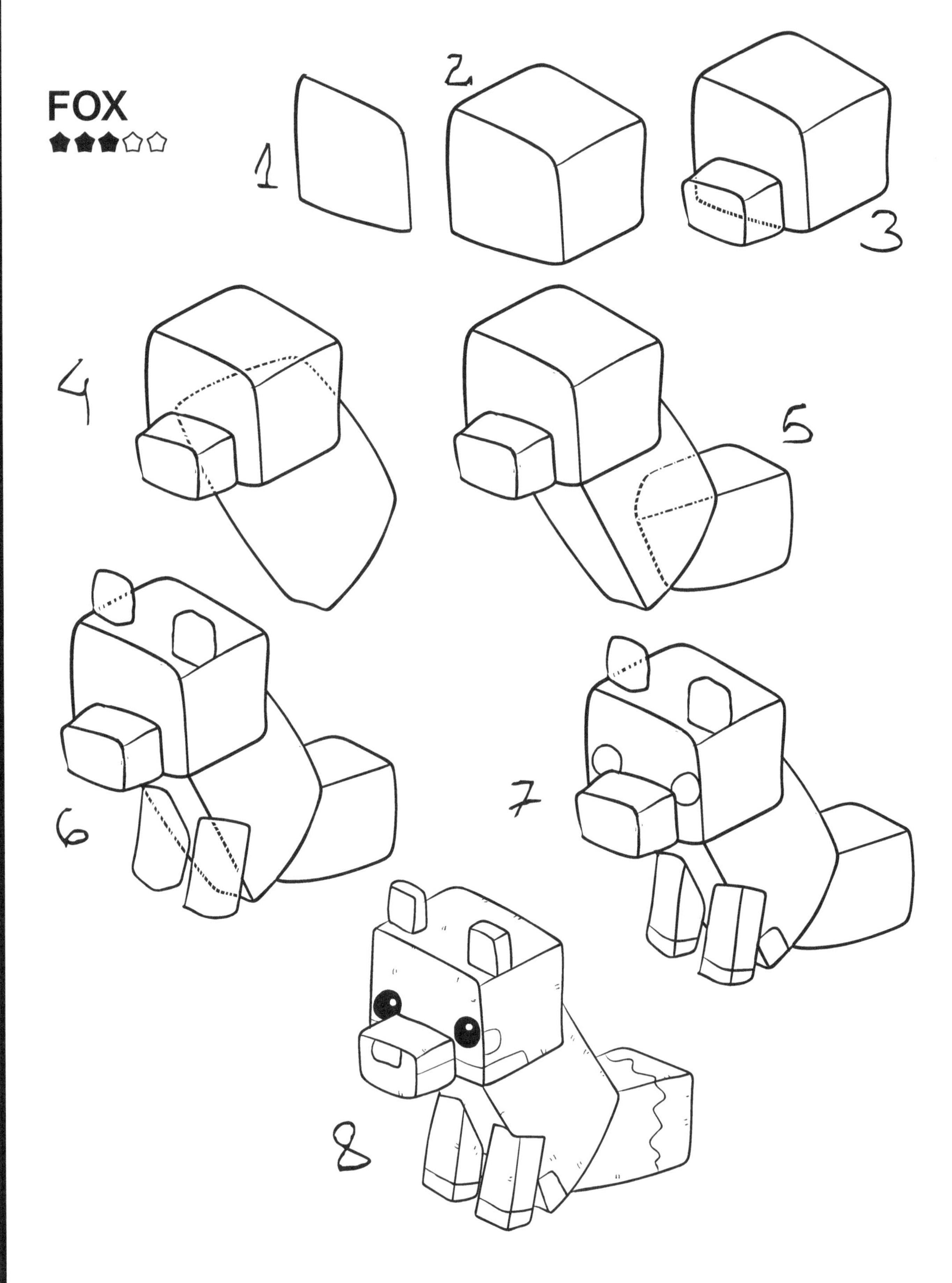

FOX
1
2
3
4
5
6
7
8

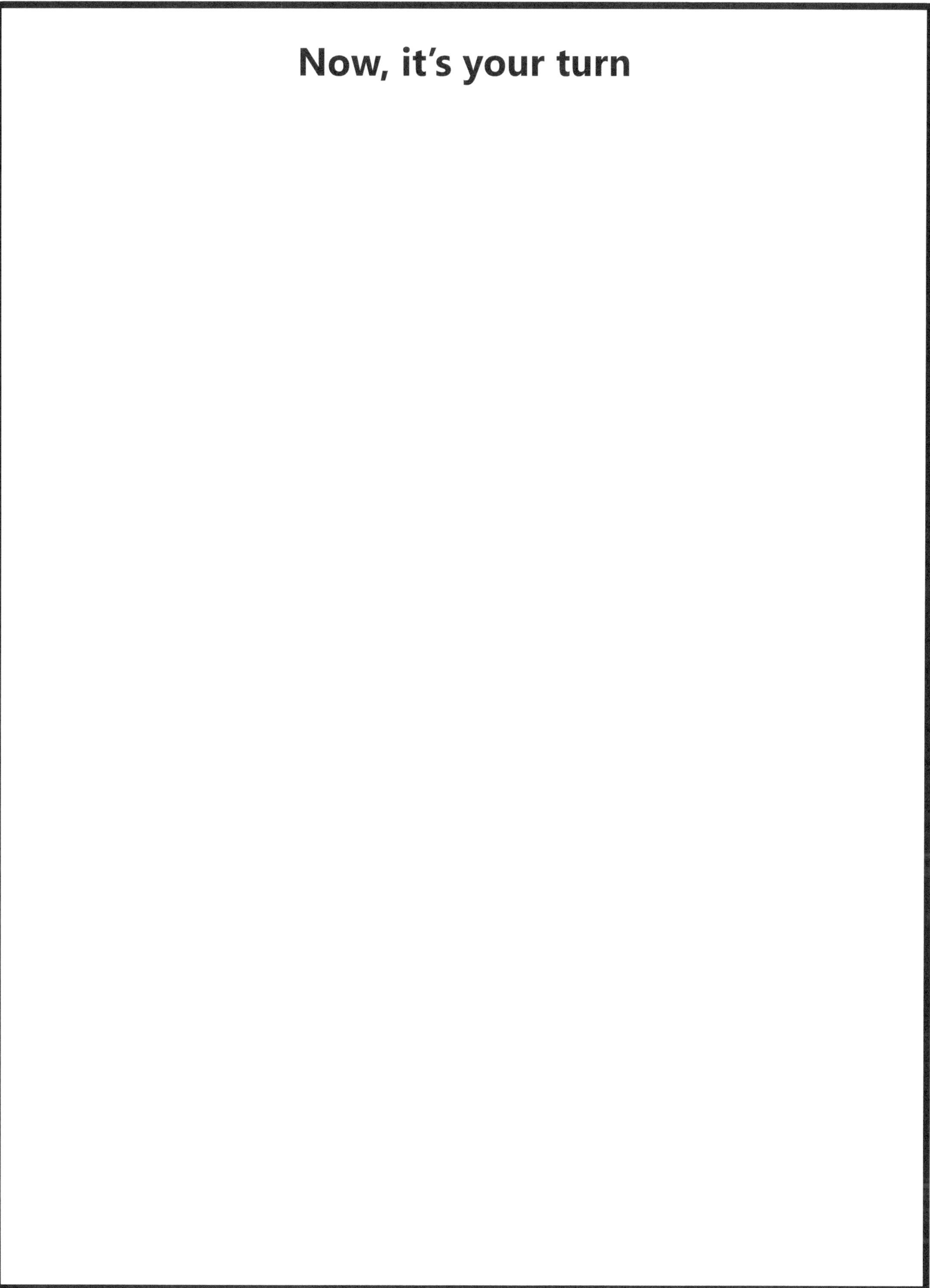
Now, it's your turn

GHAST

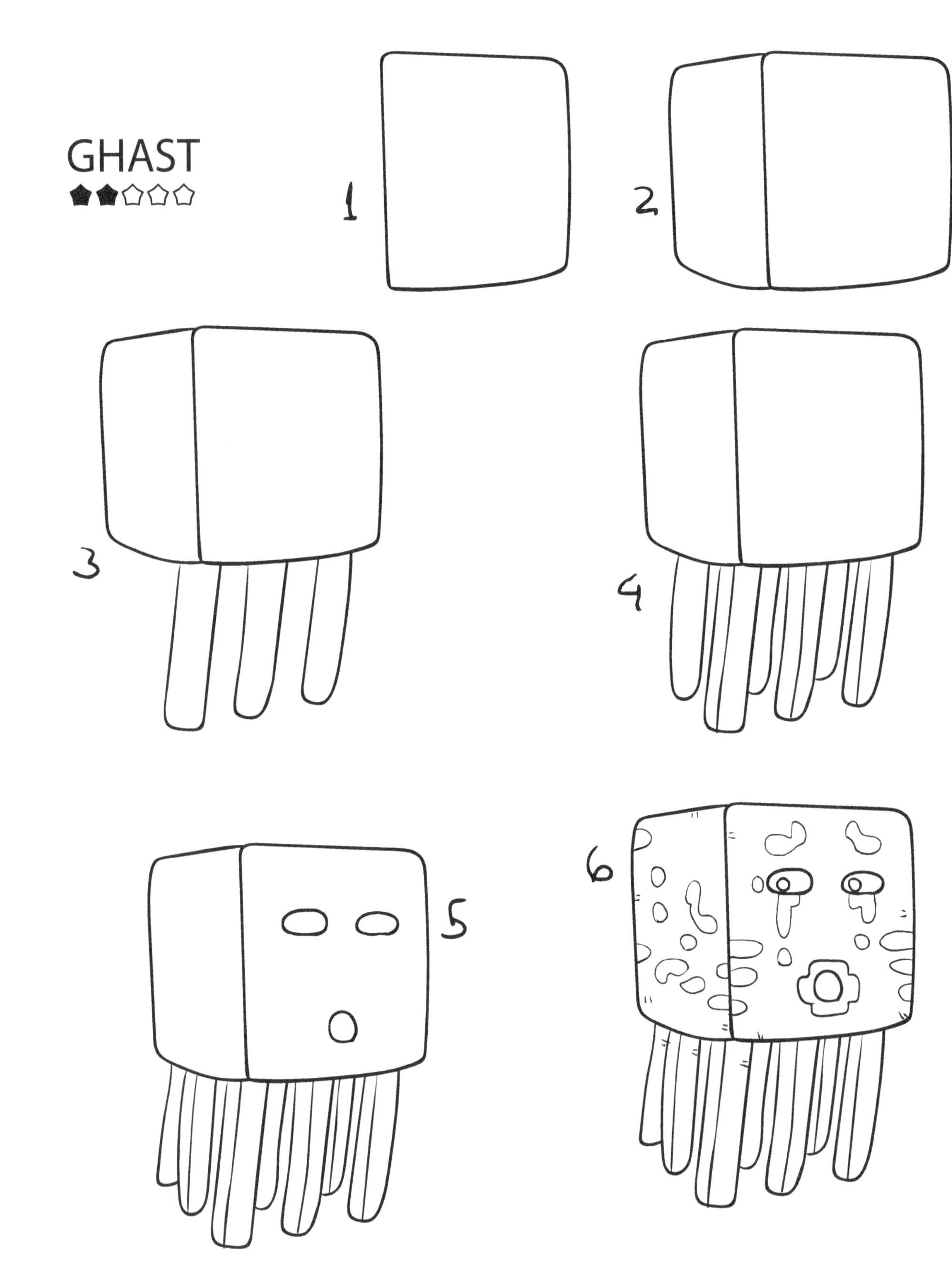

Now, it's your turn

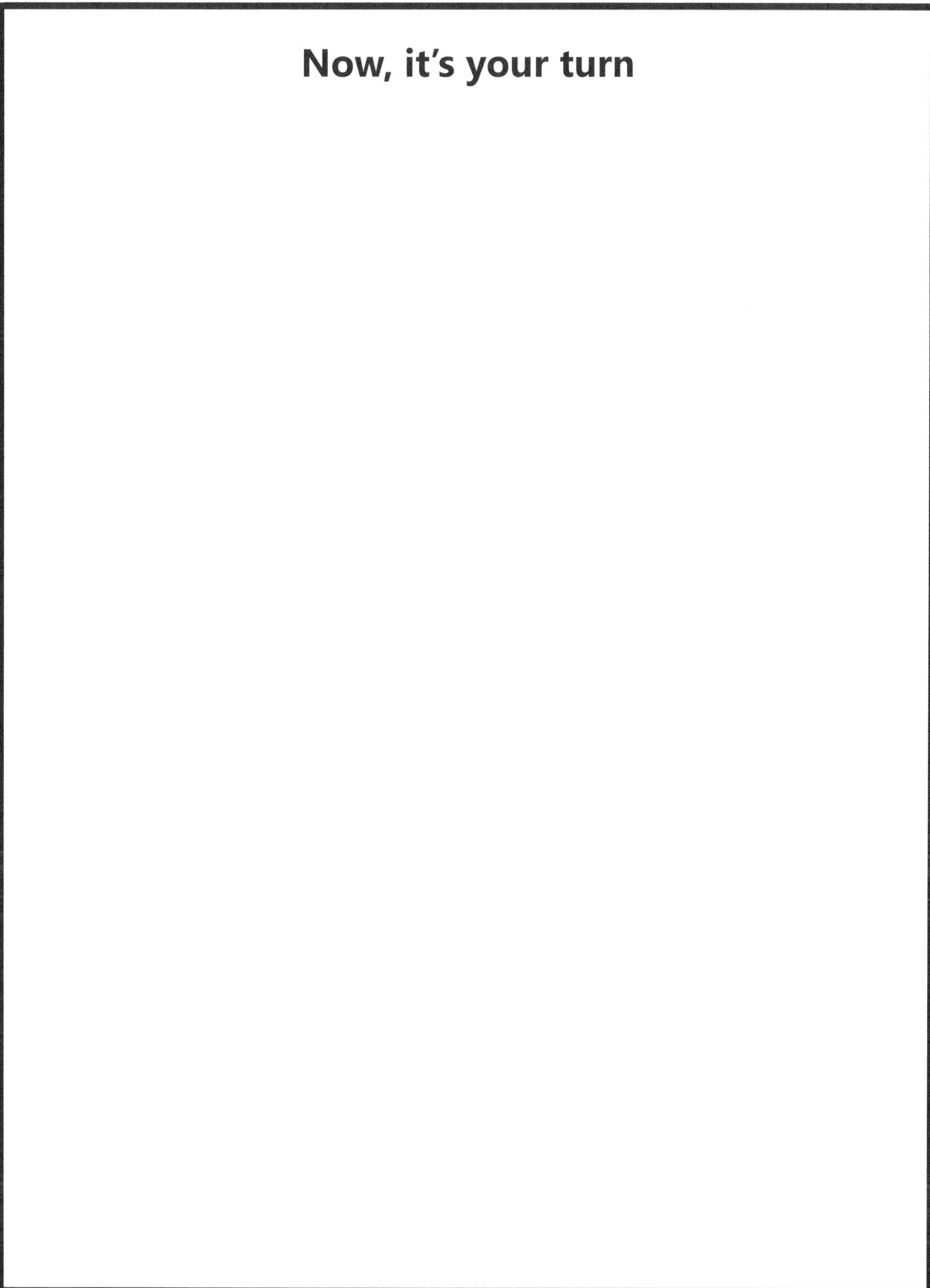

GIANT
★★☆☆☆

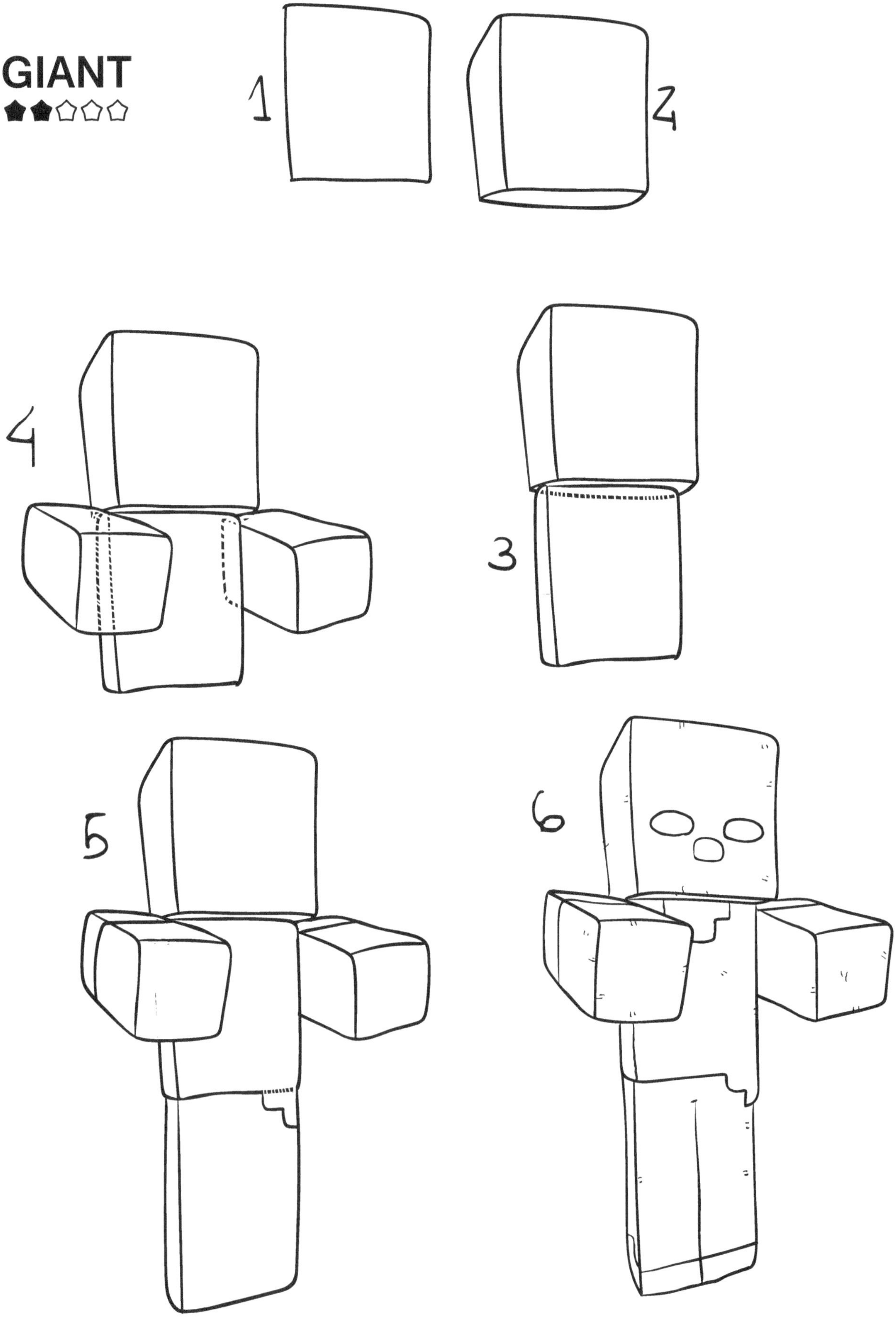

1

2

3

4

5

6

Now, it's your turn

GLOW SQUID

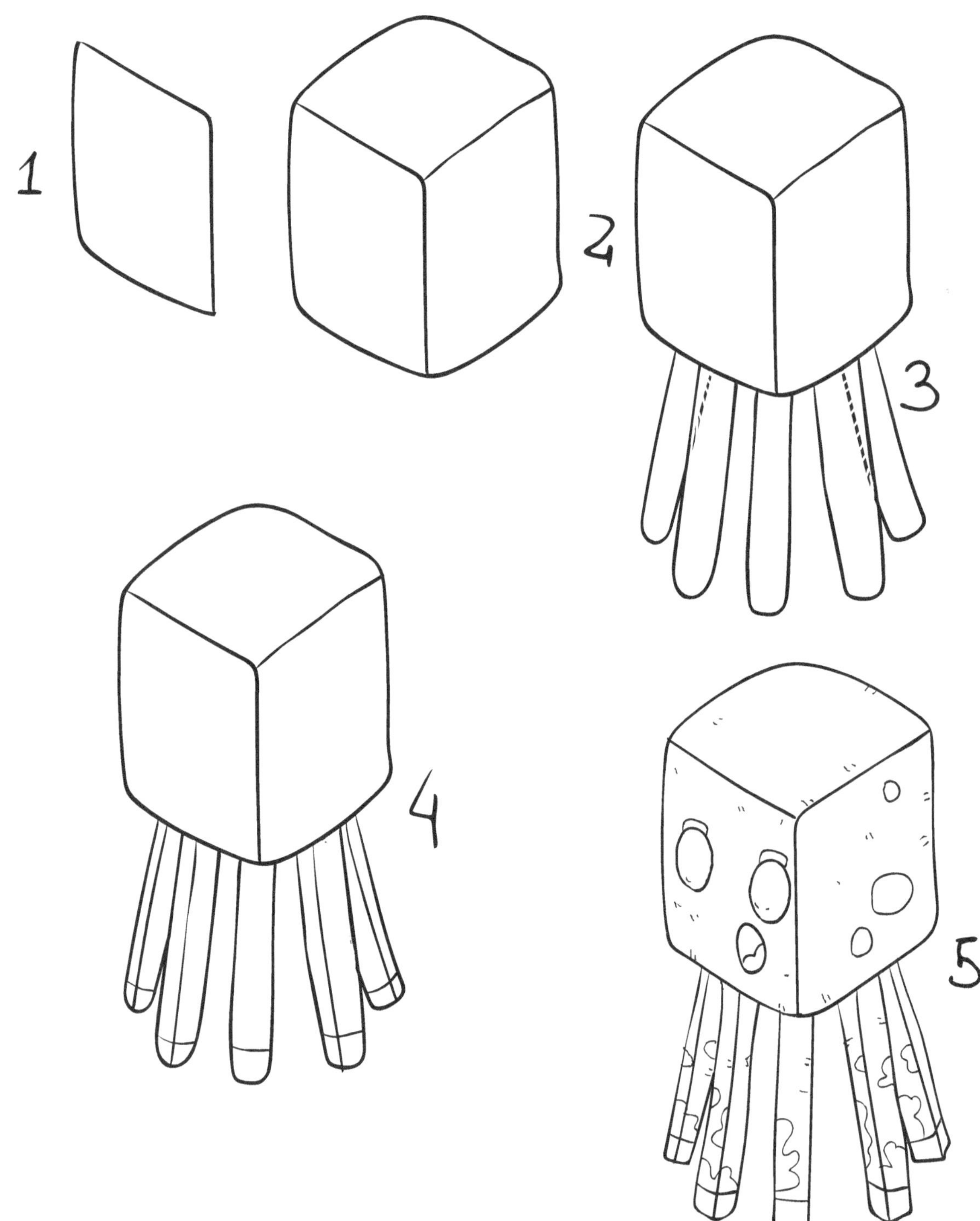

Now, it's your turn

GOAT
1
2
3
4
5
6
7
8
9

Now, it's your turn

GUARDIAN
★★★☆☆

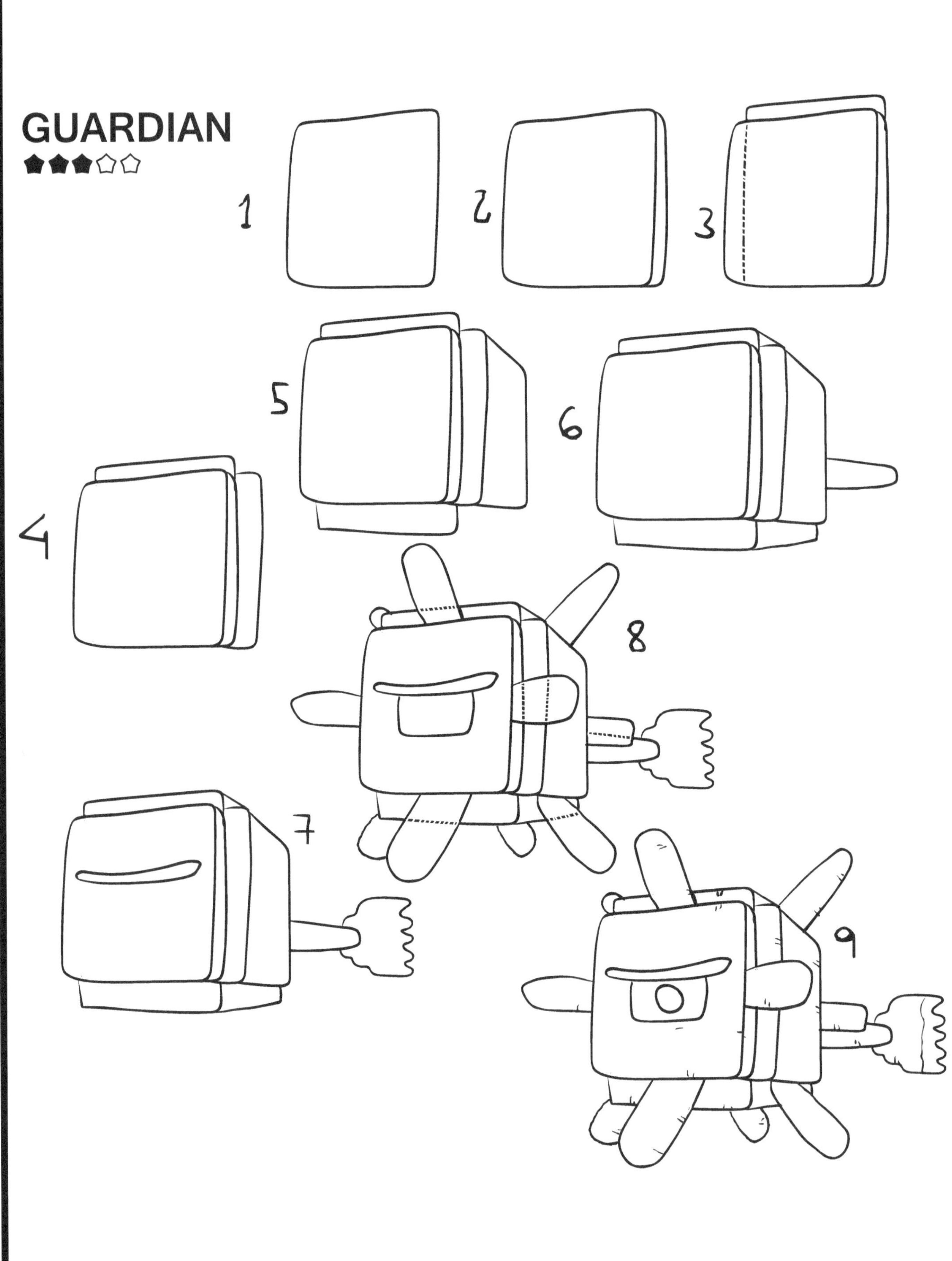

Now, it's your turn

HOGLIN
1
2
3
4
5
6
7

Now, it's your turn

HORSE

★★★★☆

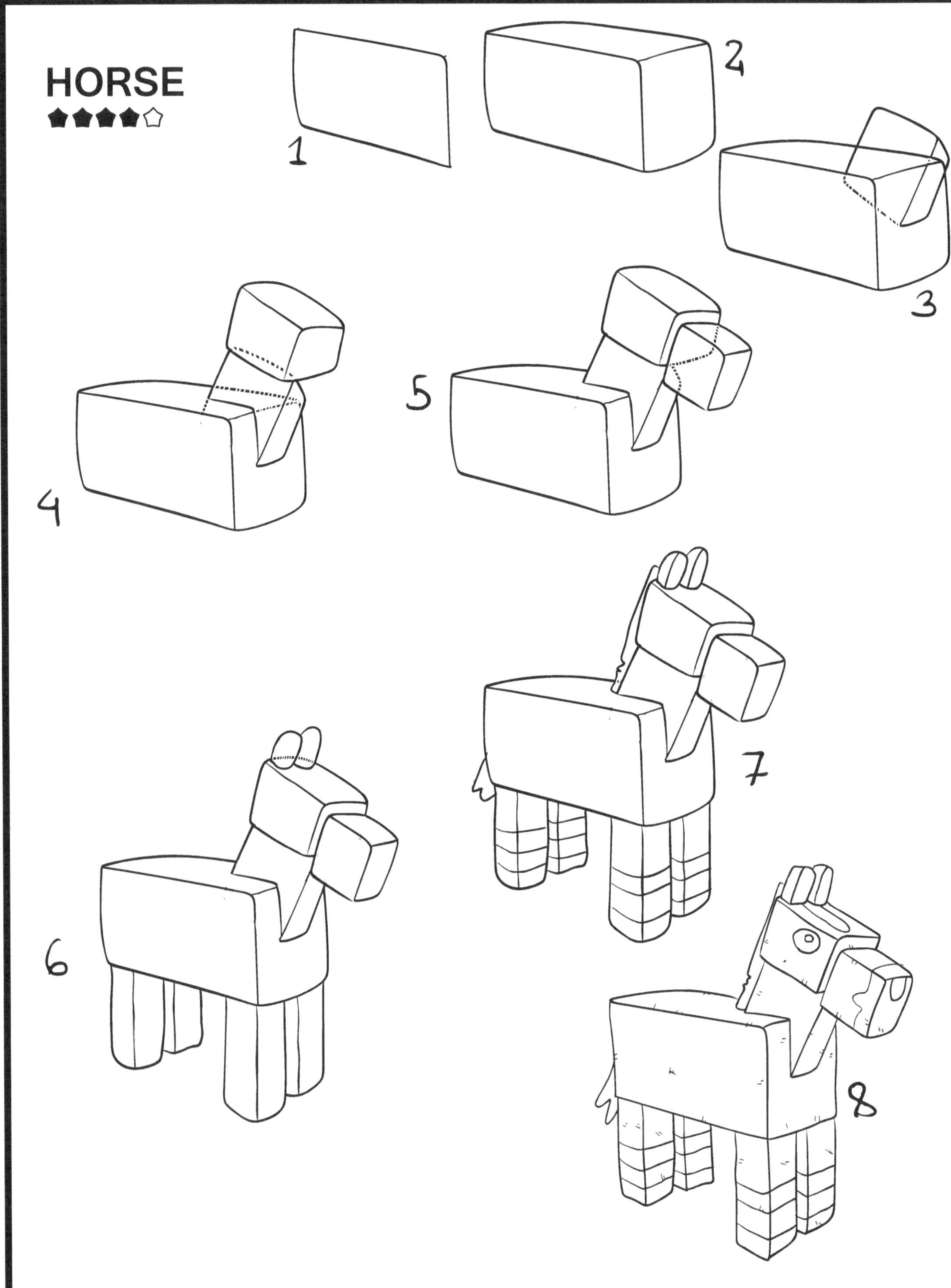

Now, it's your turn

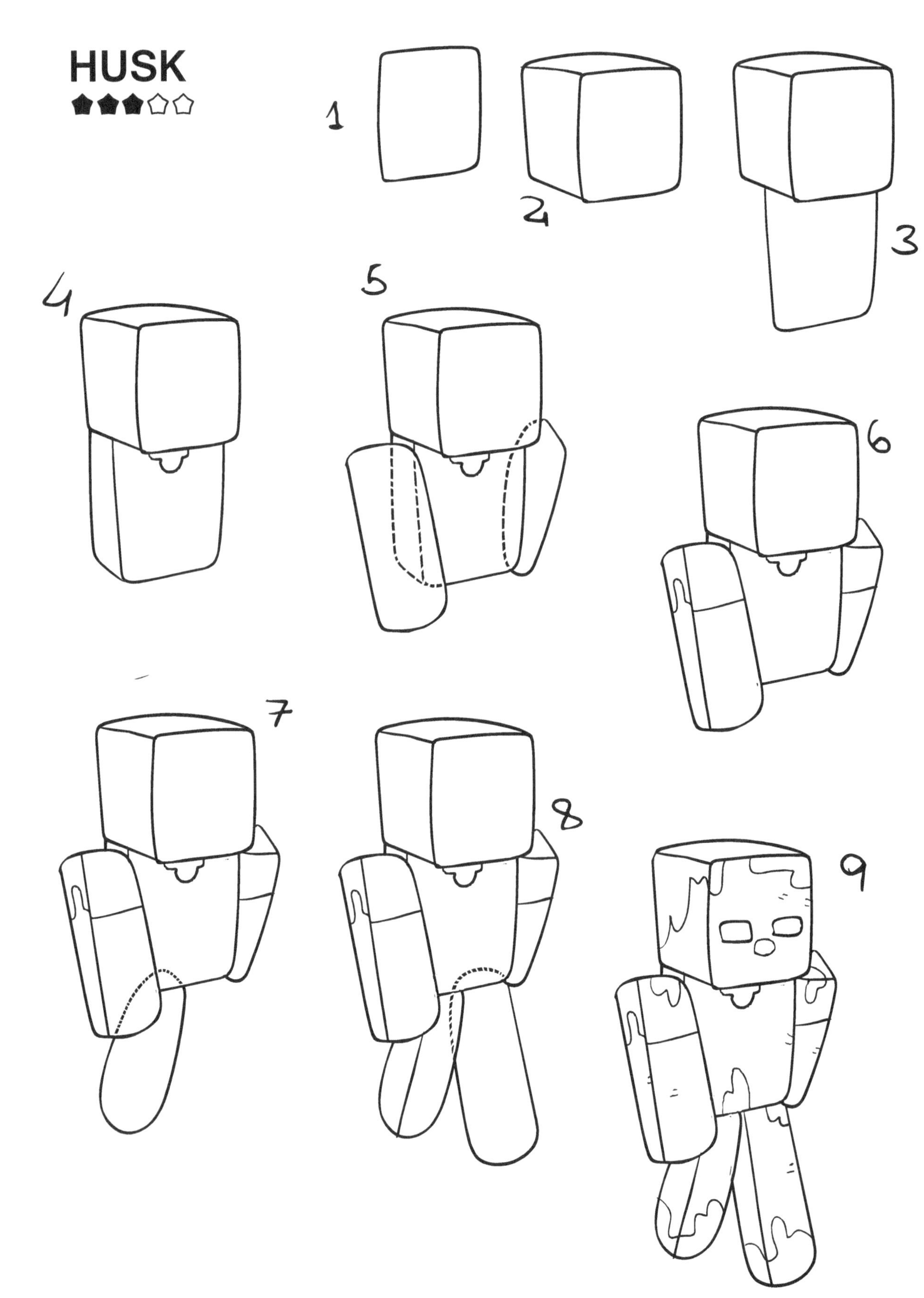

HUSK
1
2
3
4
5
6
7
8
9

Now, it's your turn

ILLUSIONER

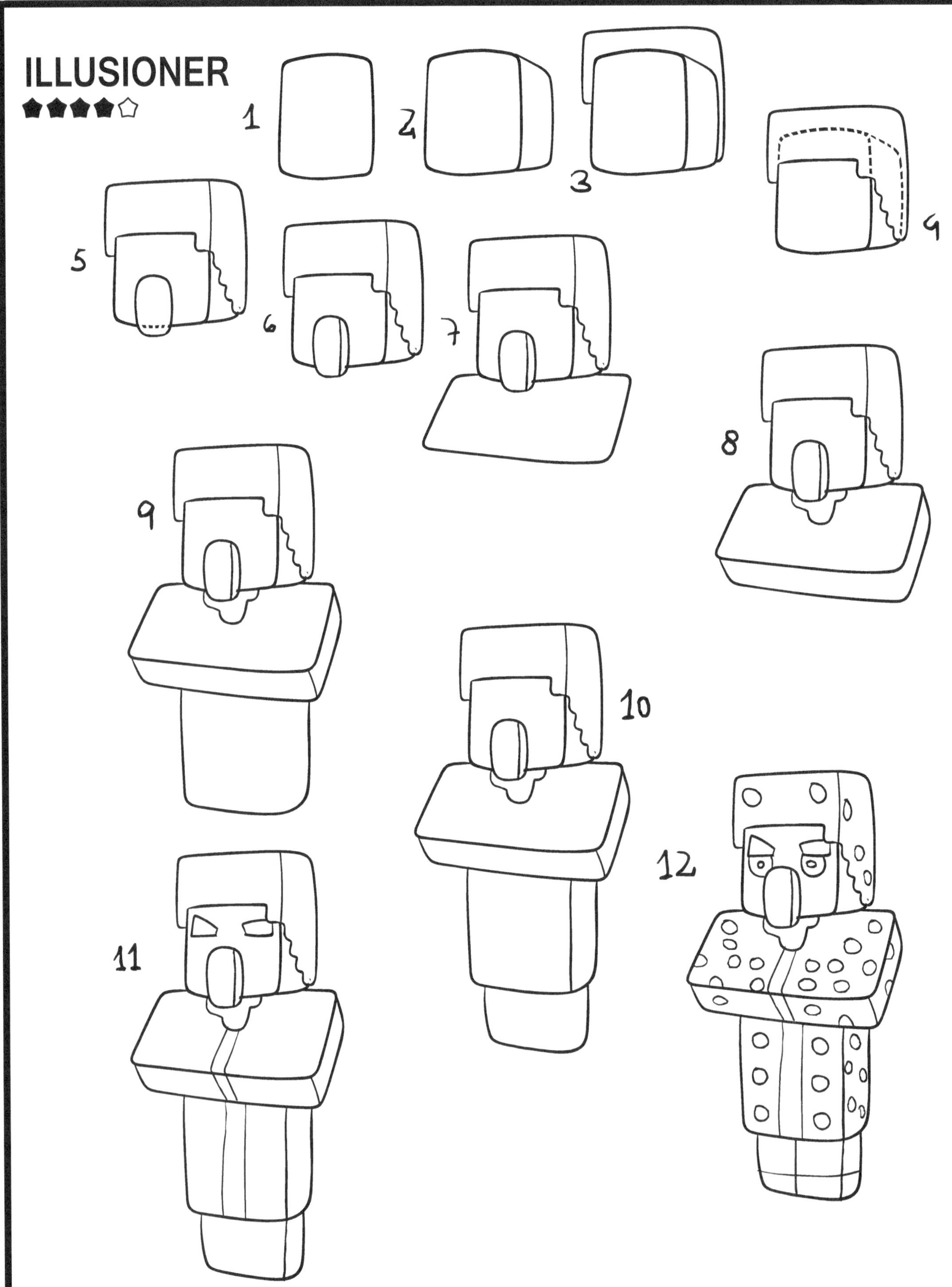

Now, it's your turn

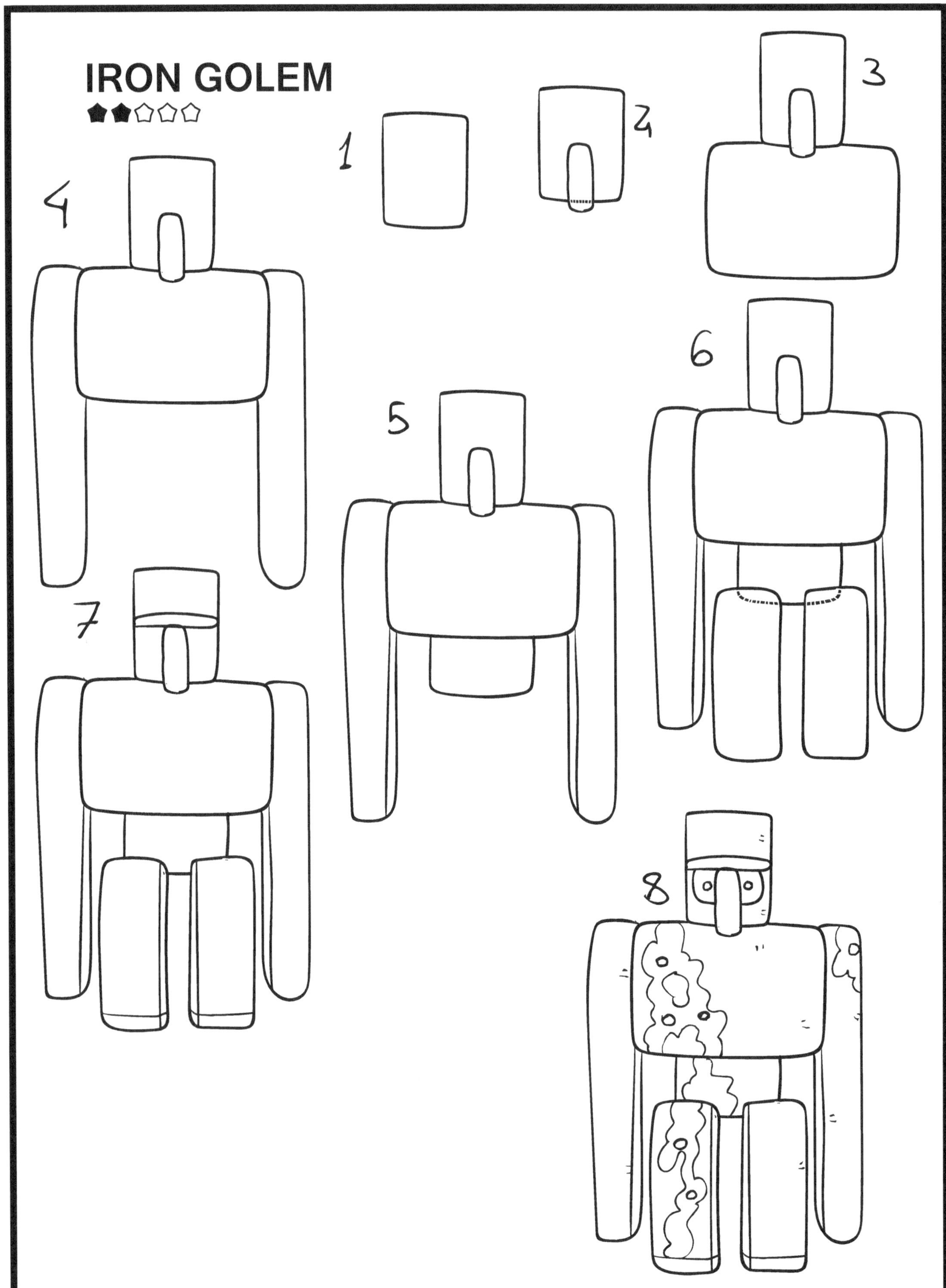

IRON GOLEM
1
2
3
4
5
6
7
8

Now, it's your turn

KILLER BUNNY

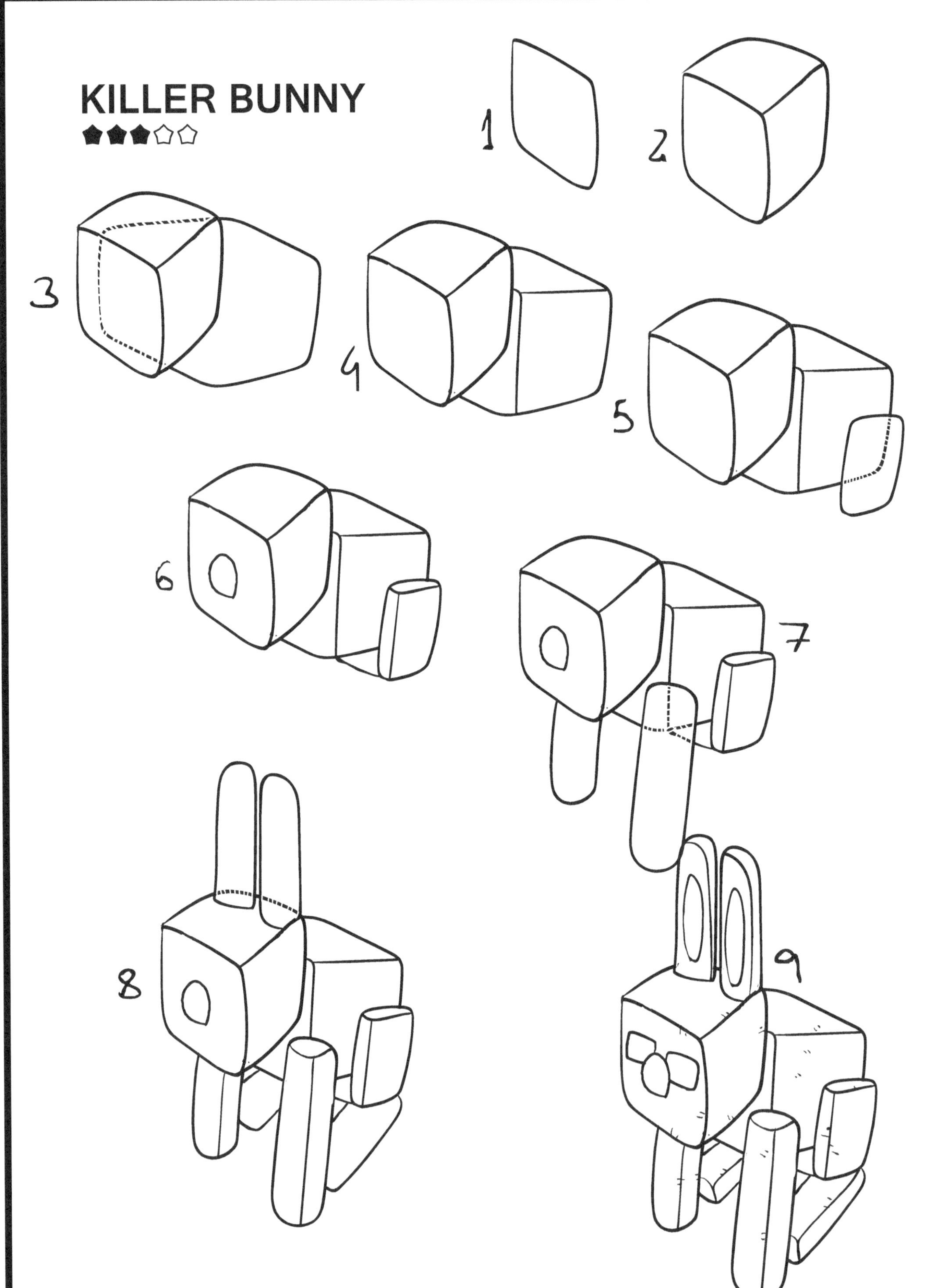

Now, it's your turn

LLAMA

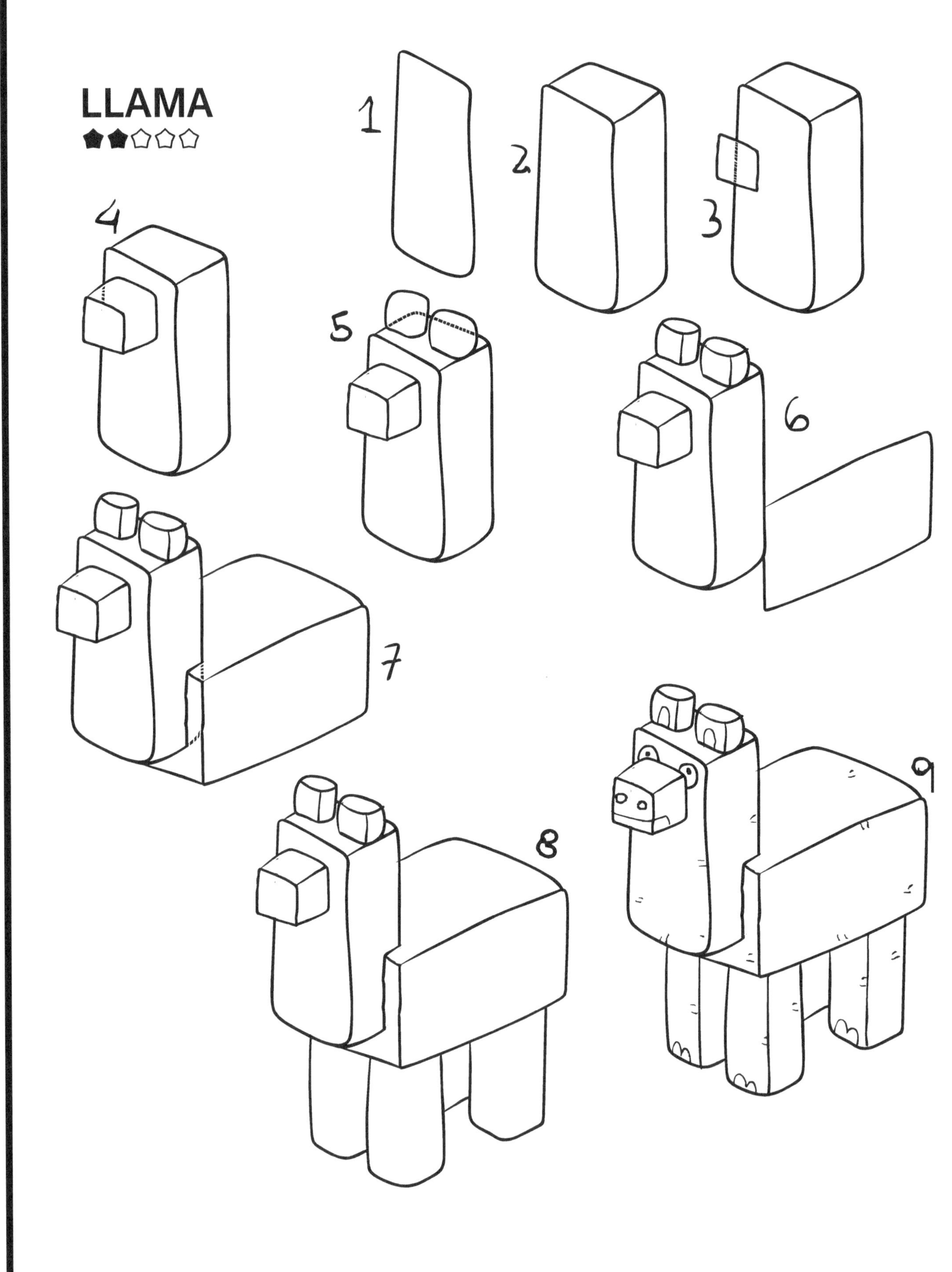

Now, it's your turn

MAGMA CUBE

★☆☆☆☆

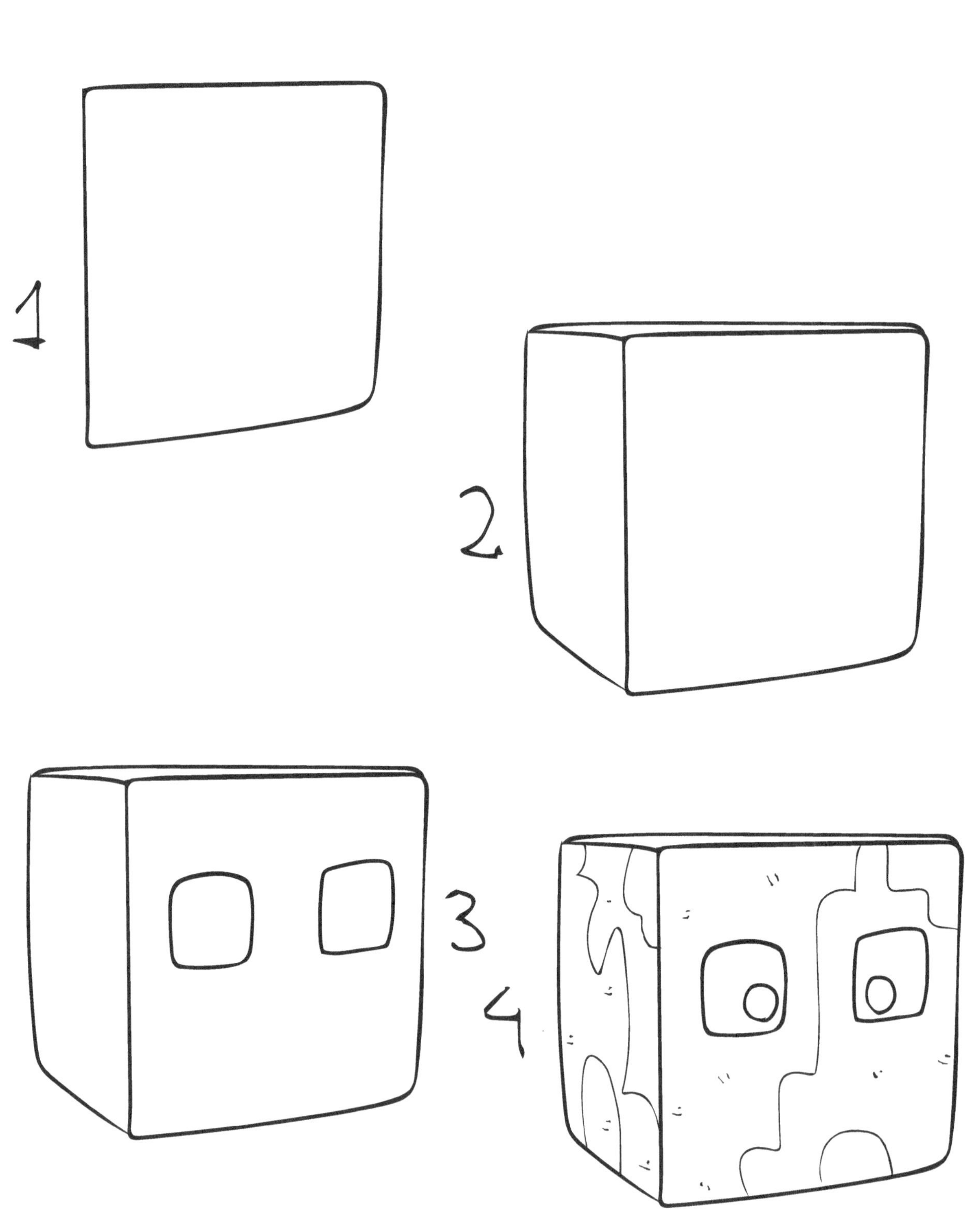

Now, it's your turn

MOOSHROOM

★★★★☆

Now, it's your turn

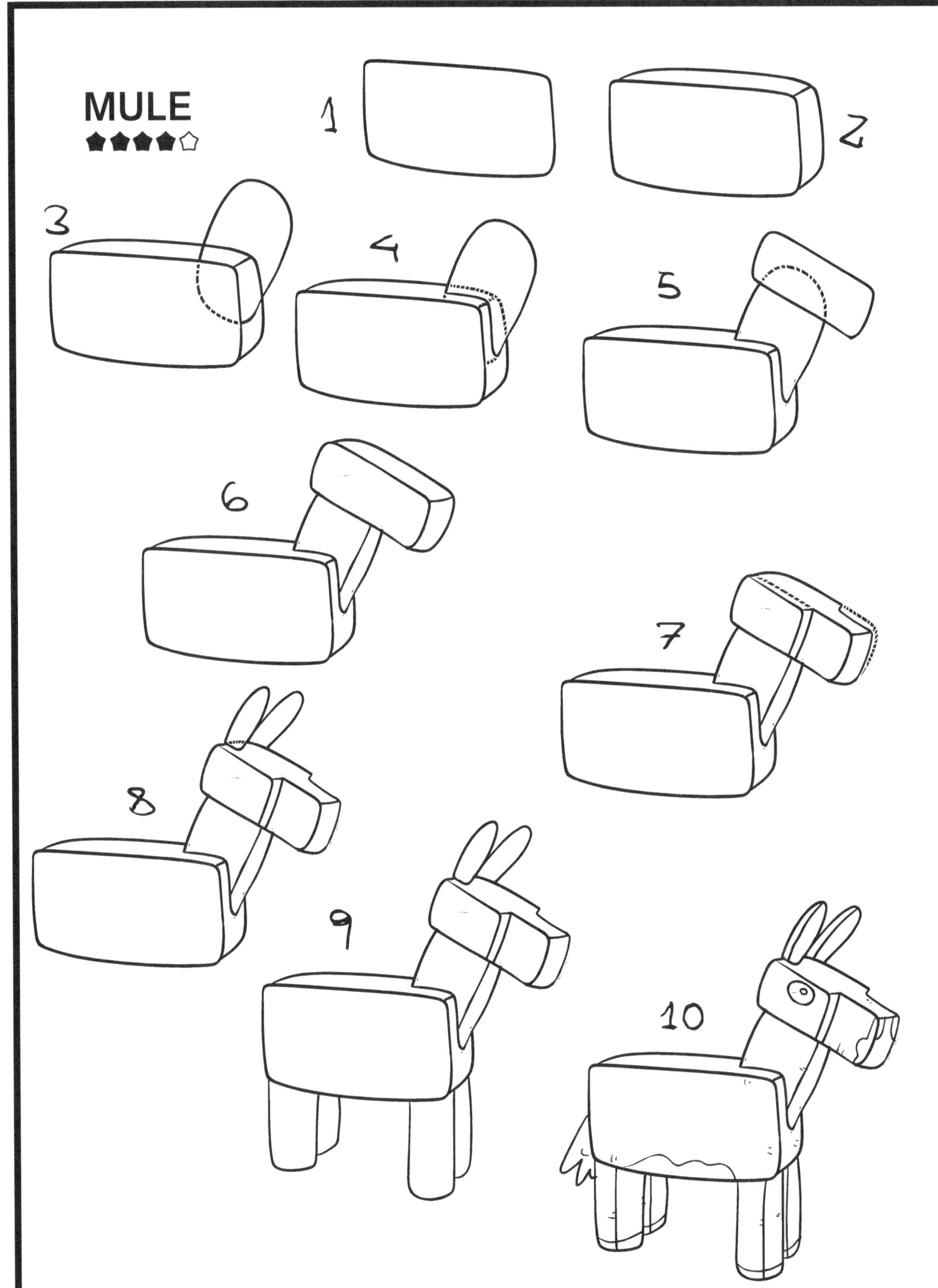

MULE
1
2
3
4
5
6
7
8
9
10

Now, it's your turn

NPC

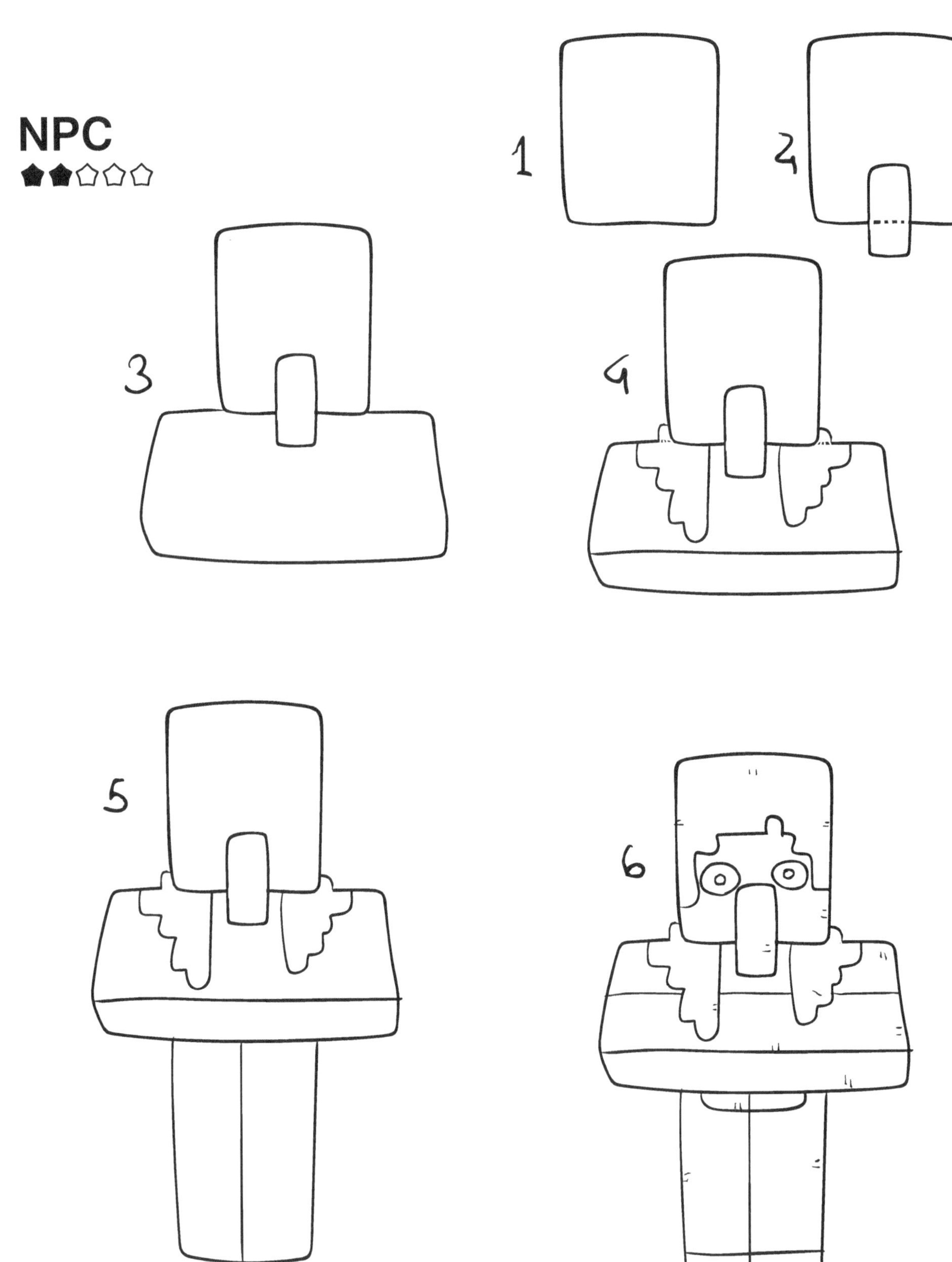

Now, it's your turn

OCELOT

★★★☆☆

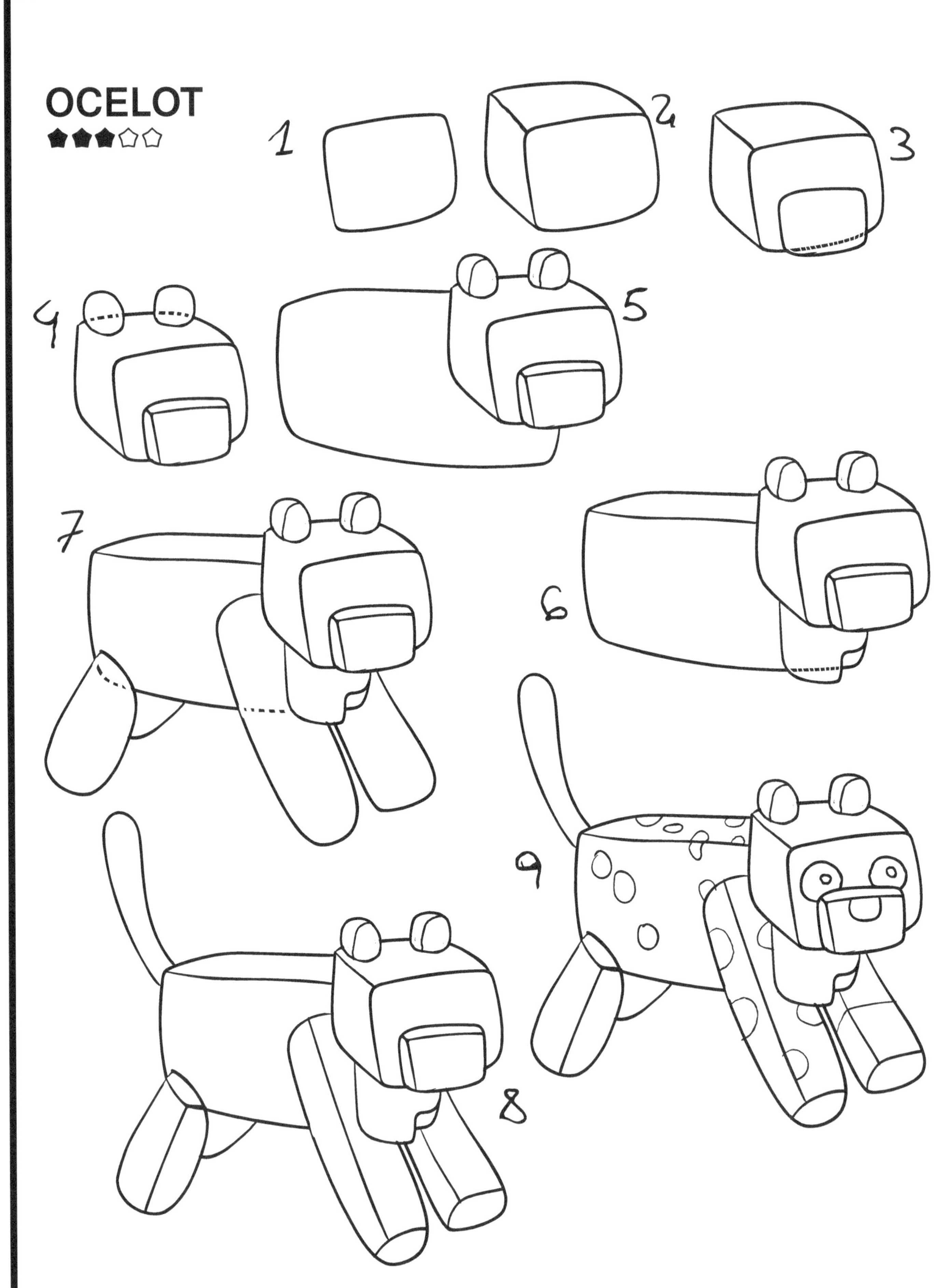

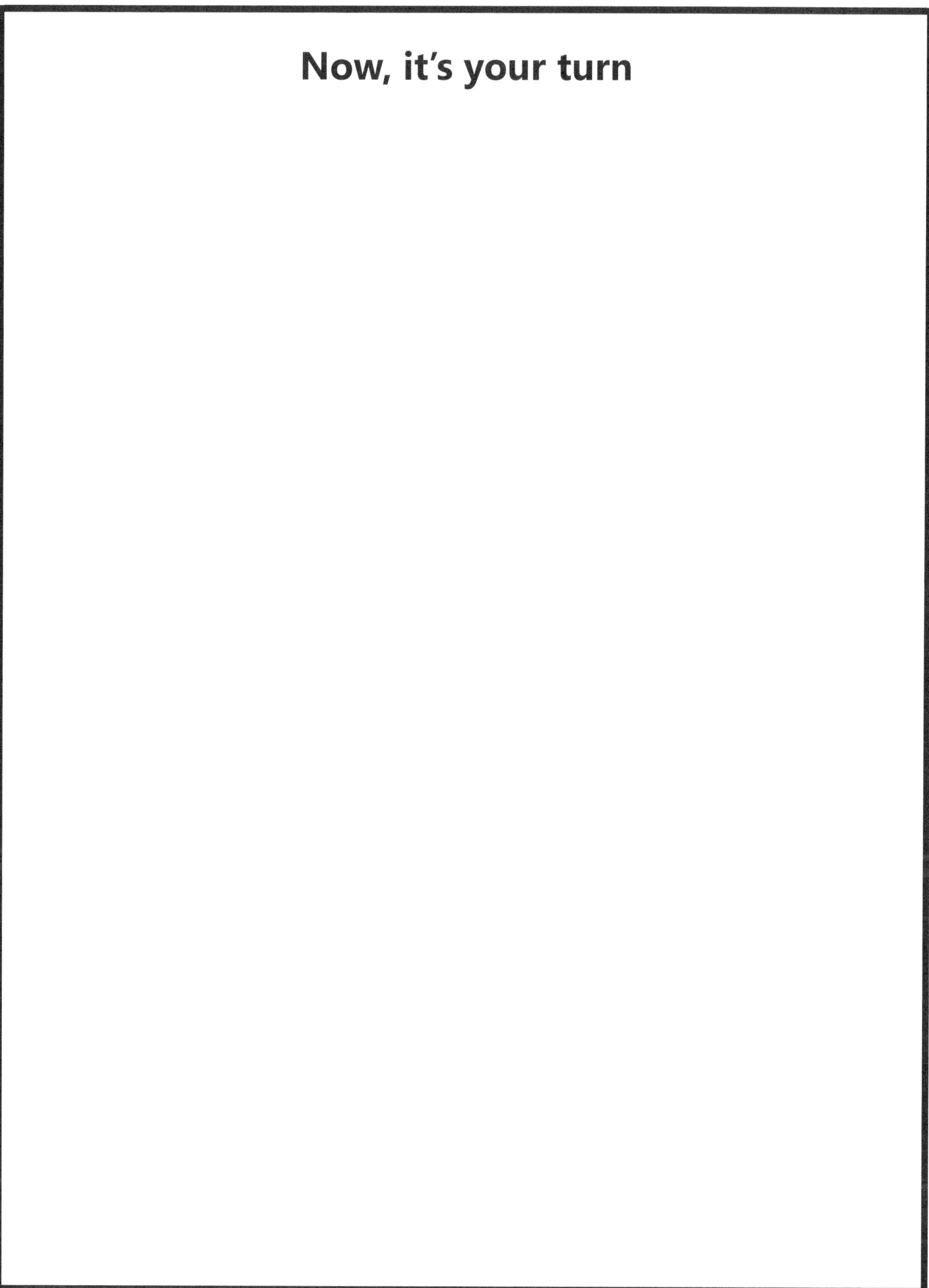

Now, it's your turn

PANDA

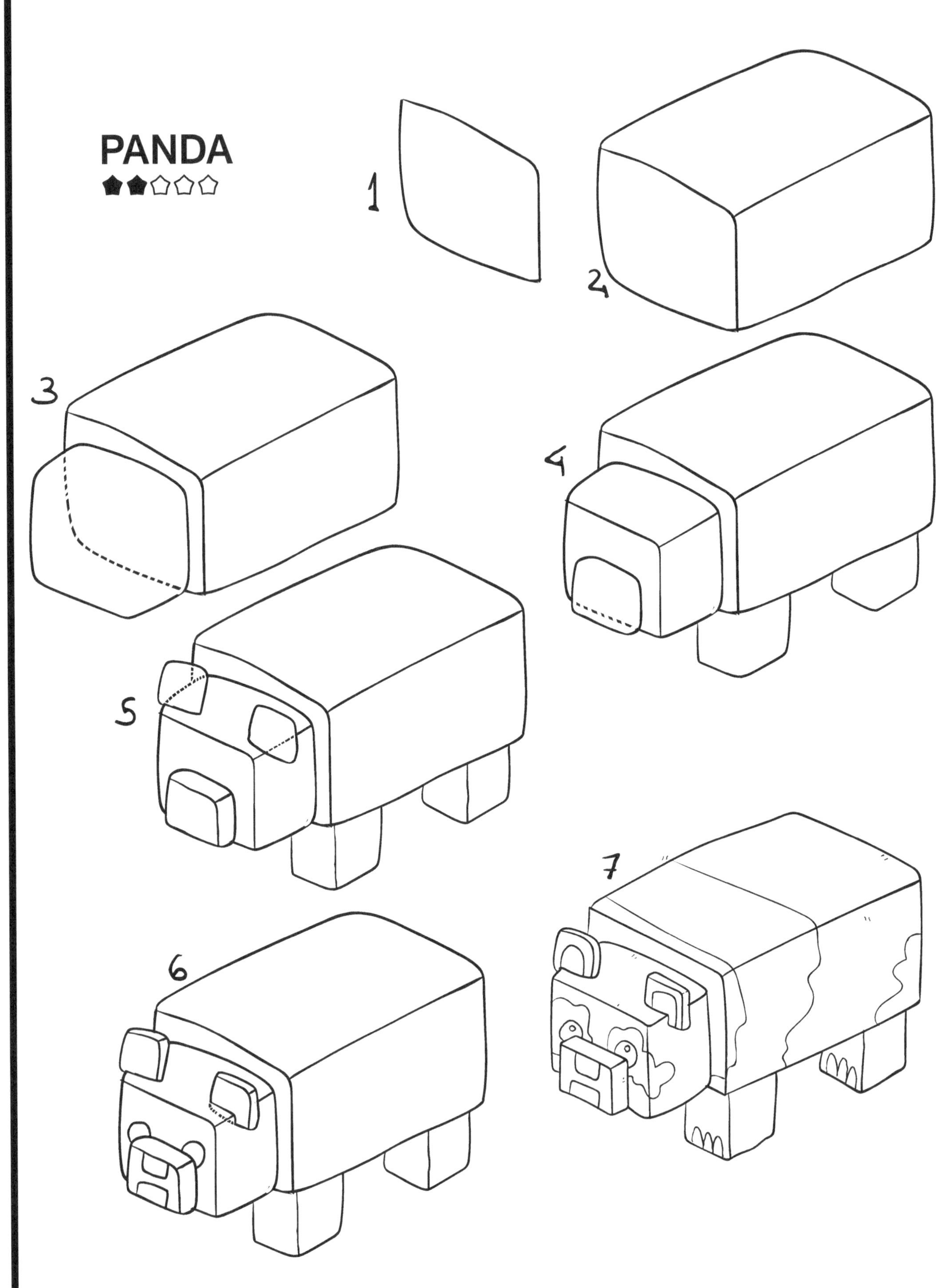

Now, it's your turn

PARROT

★★★★★

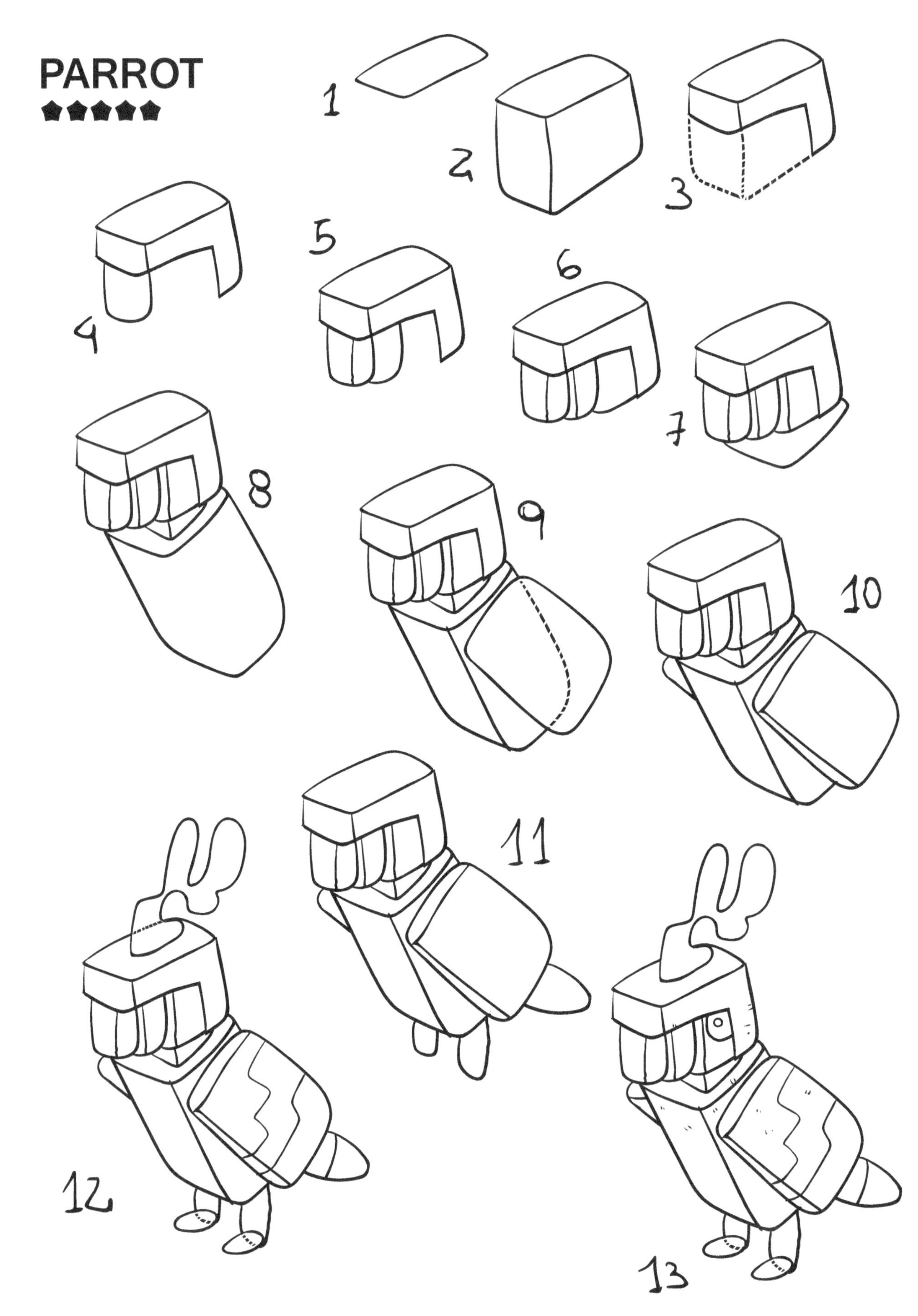

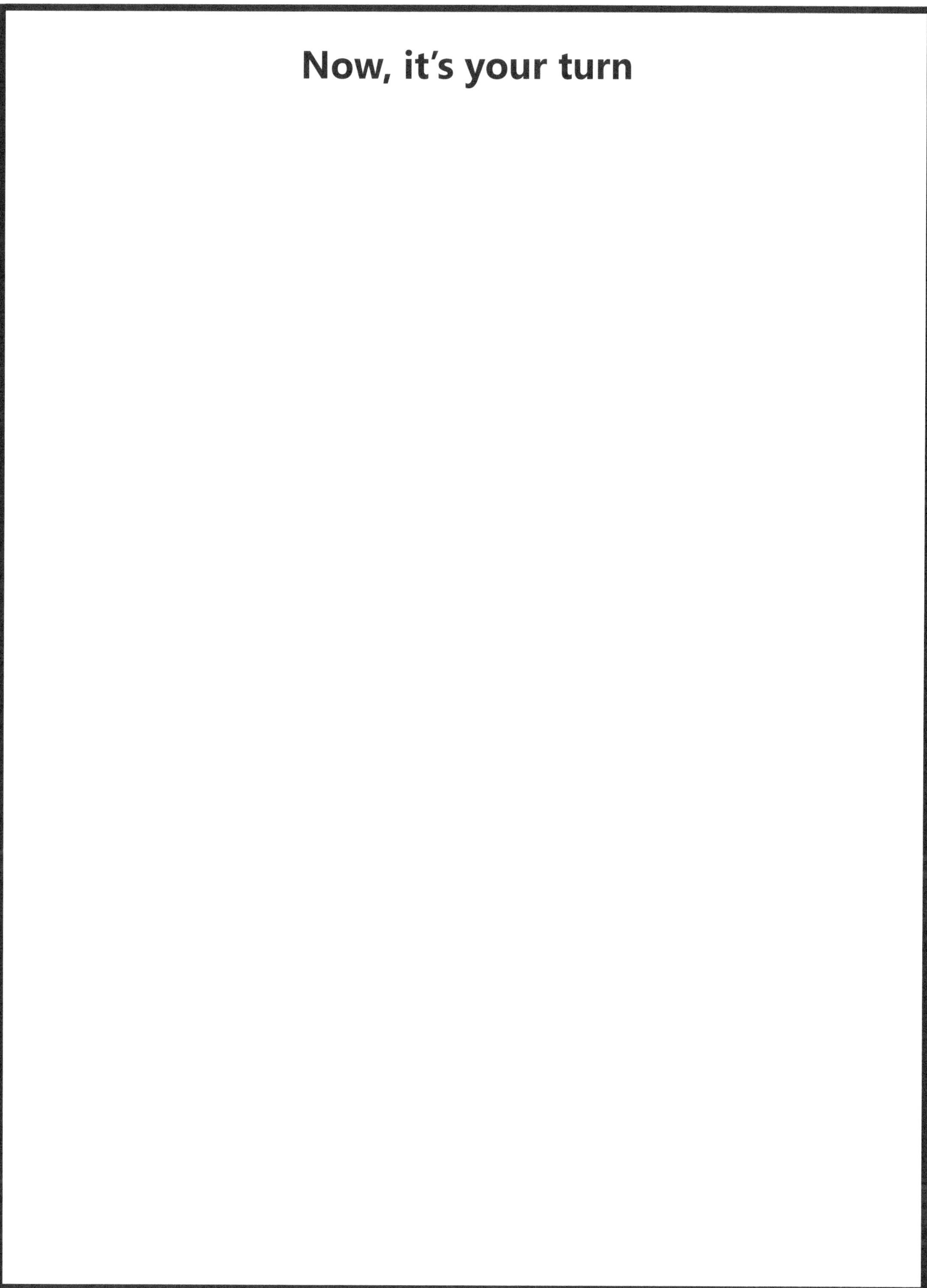

Now, it's your turn

PHANTOM

★★★☆☆

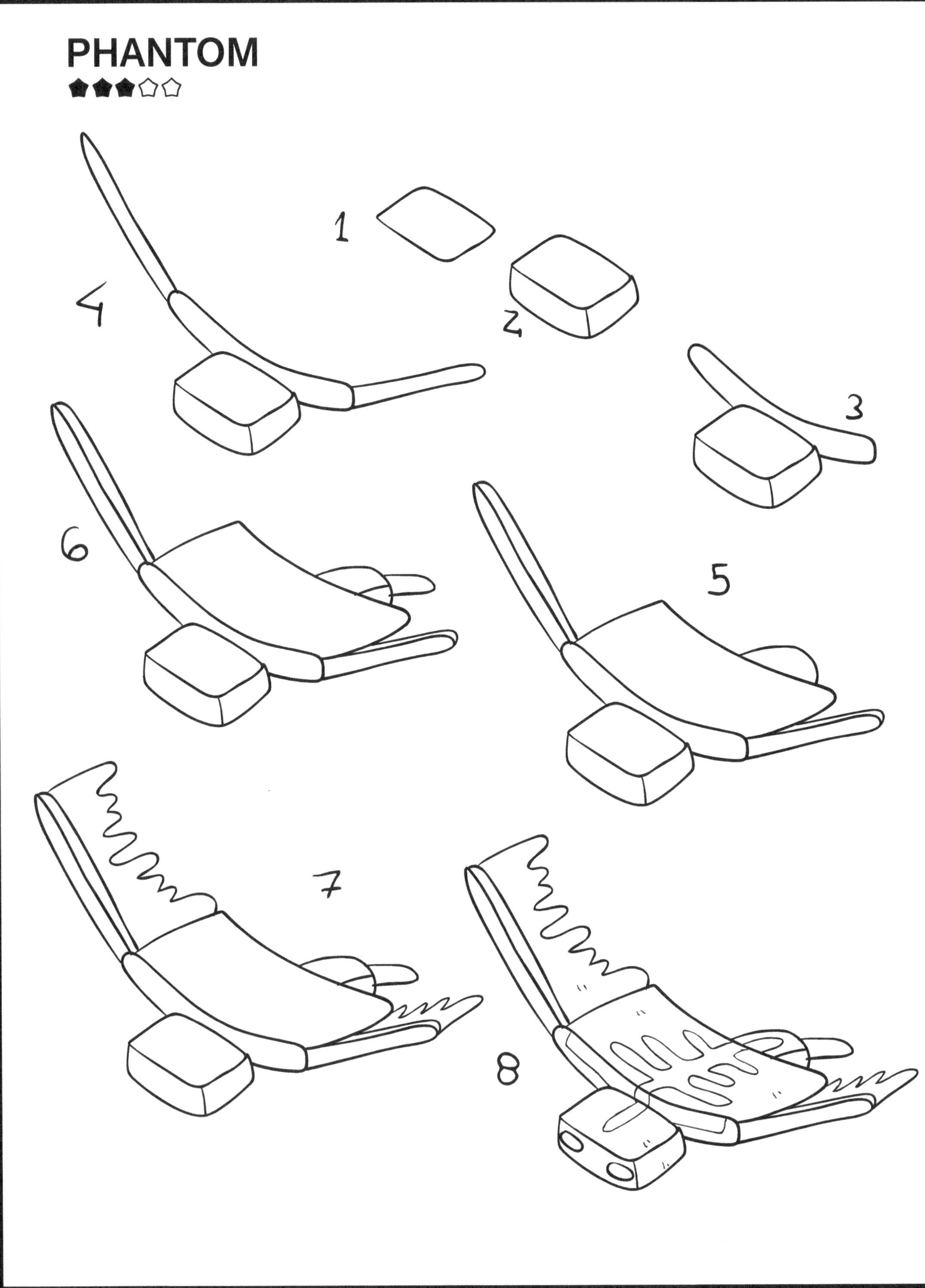

Now, it's your turn

PIG

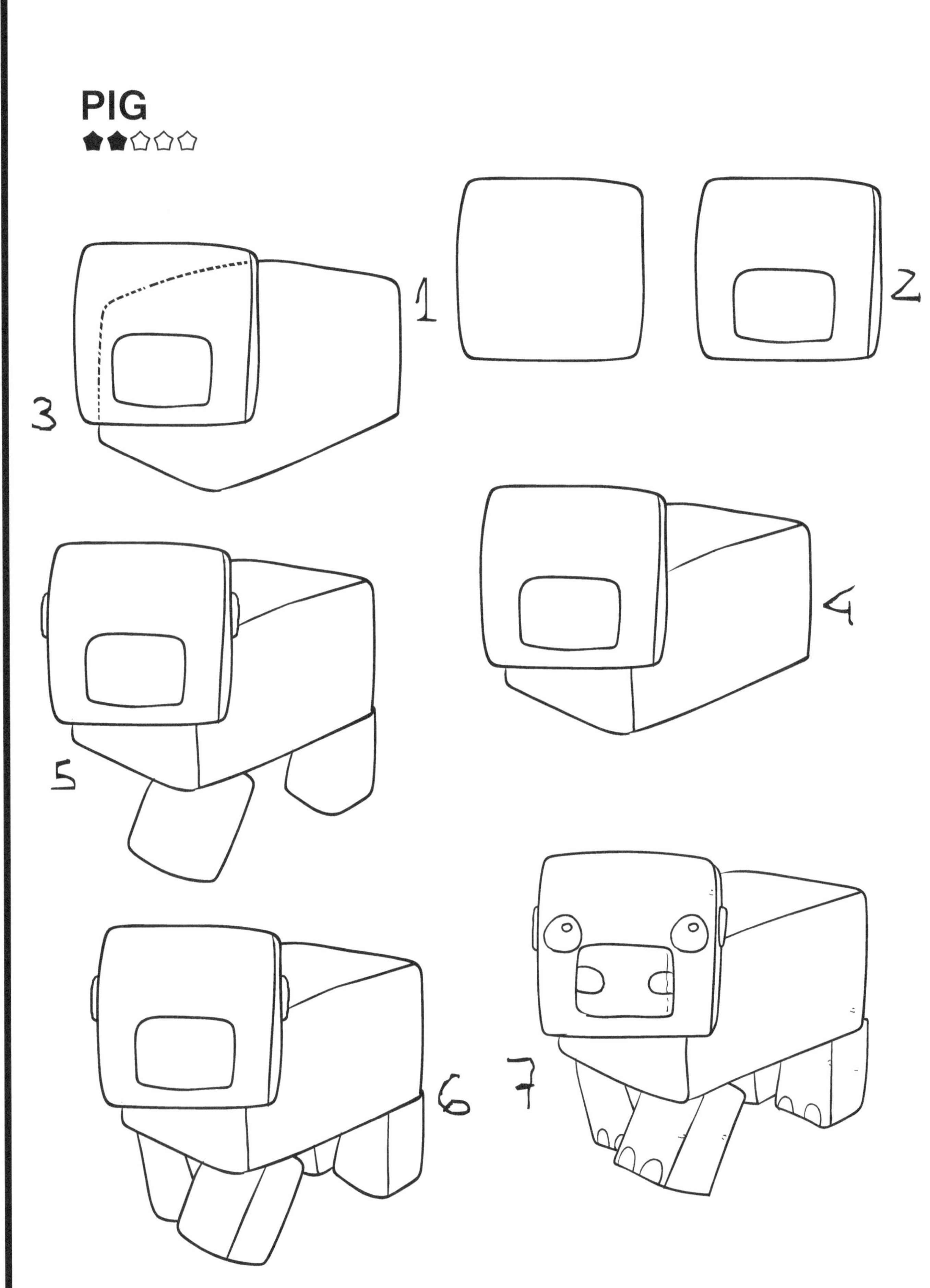

Now, it's your turn

PIGLIN BRUTE

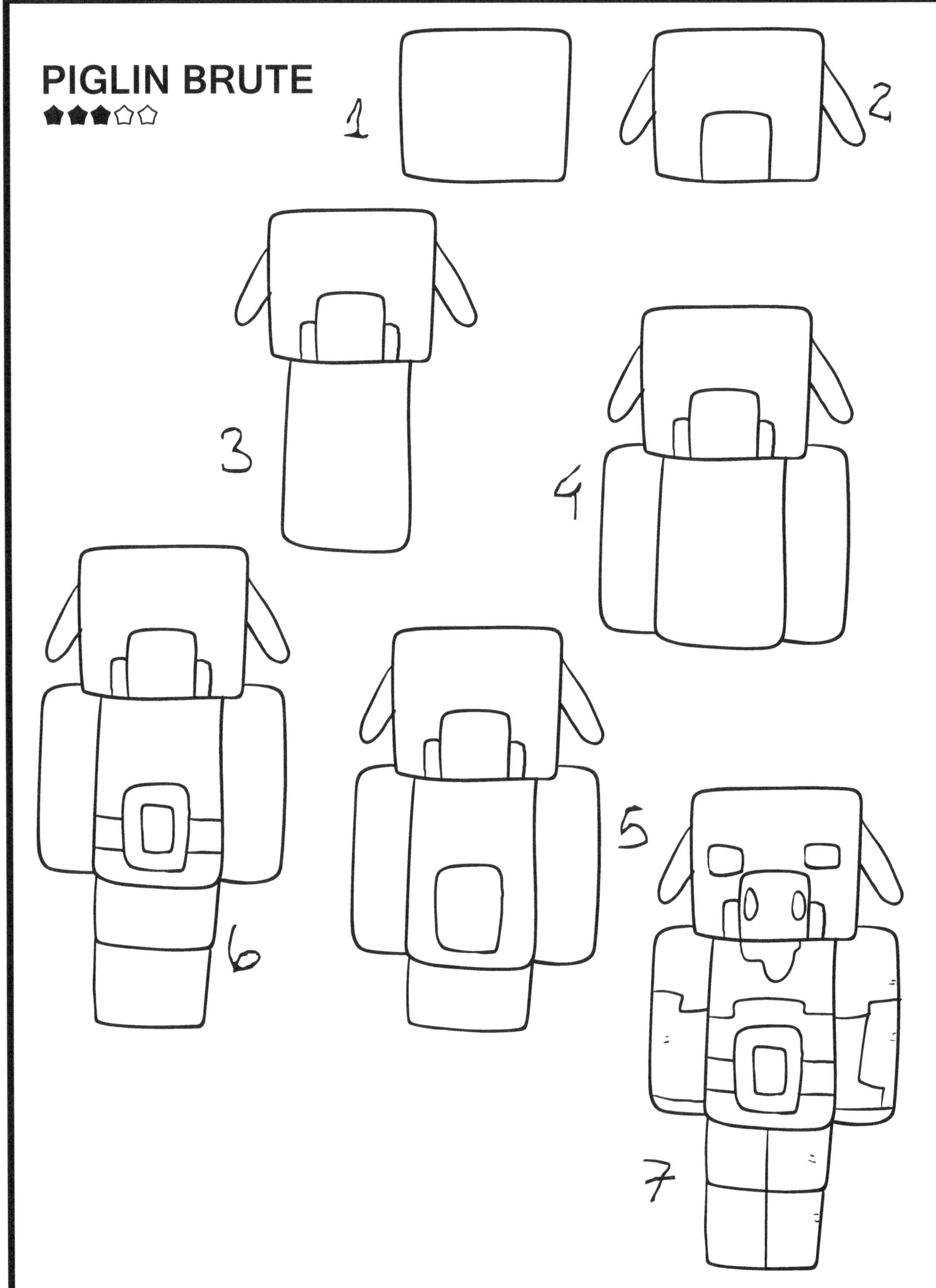

Now, it's your turn

PIGLIN

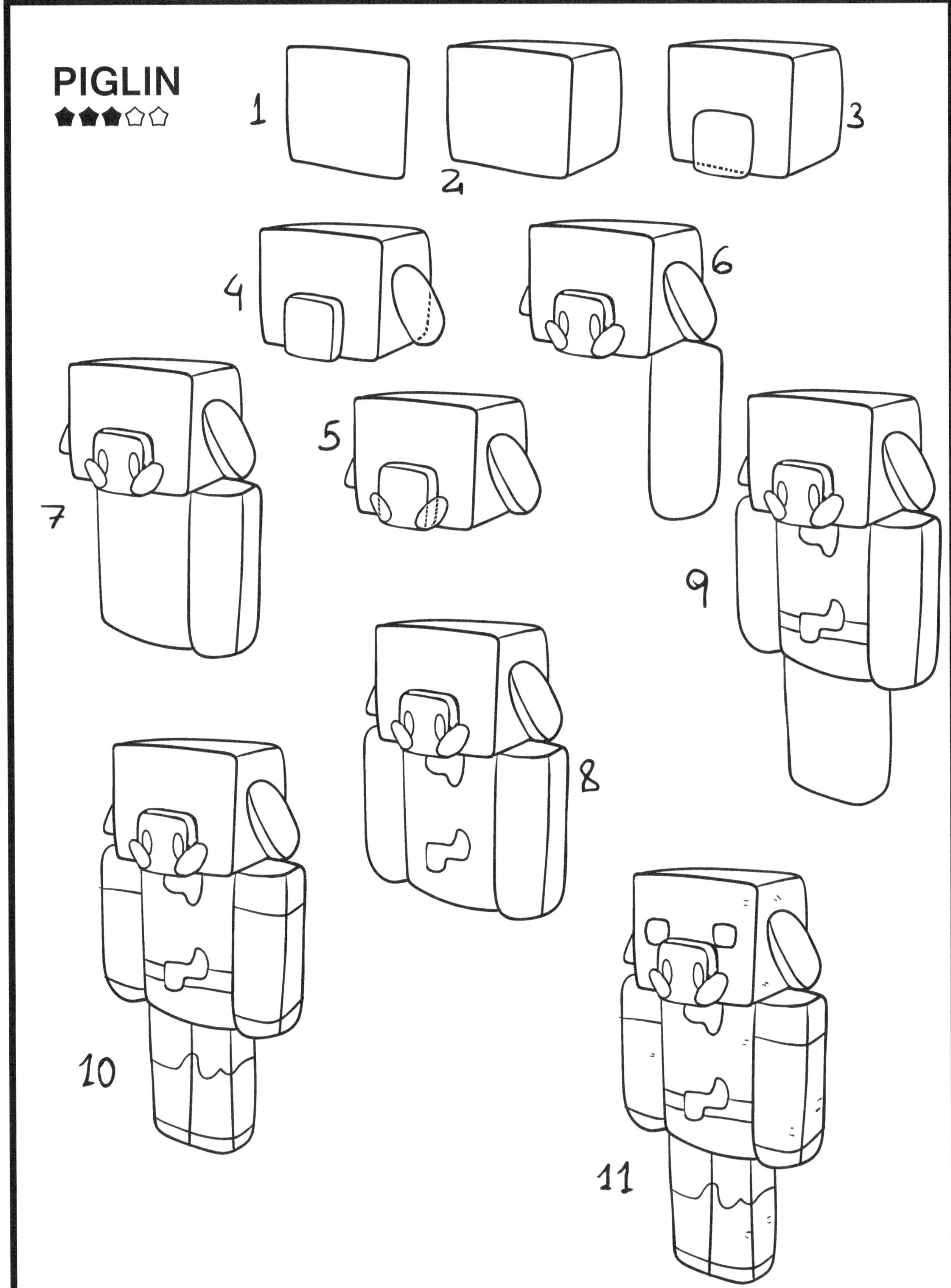

Now, it's your turn

PILLAGER
★★★★★

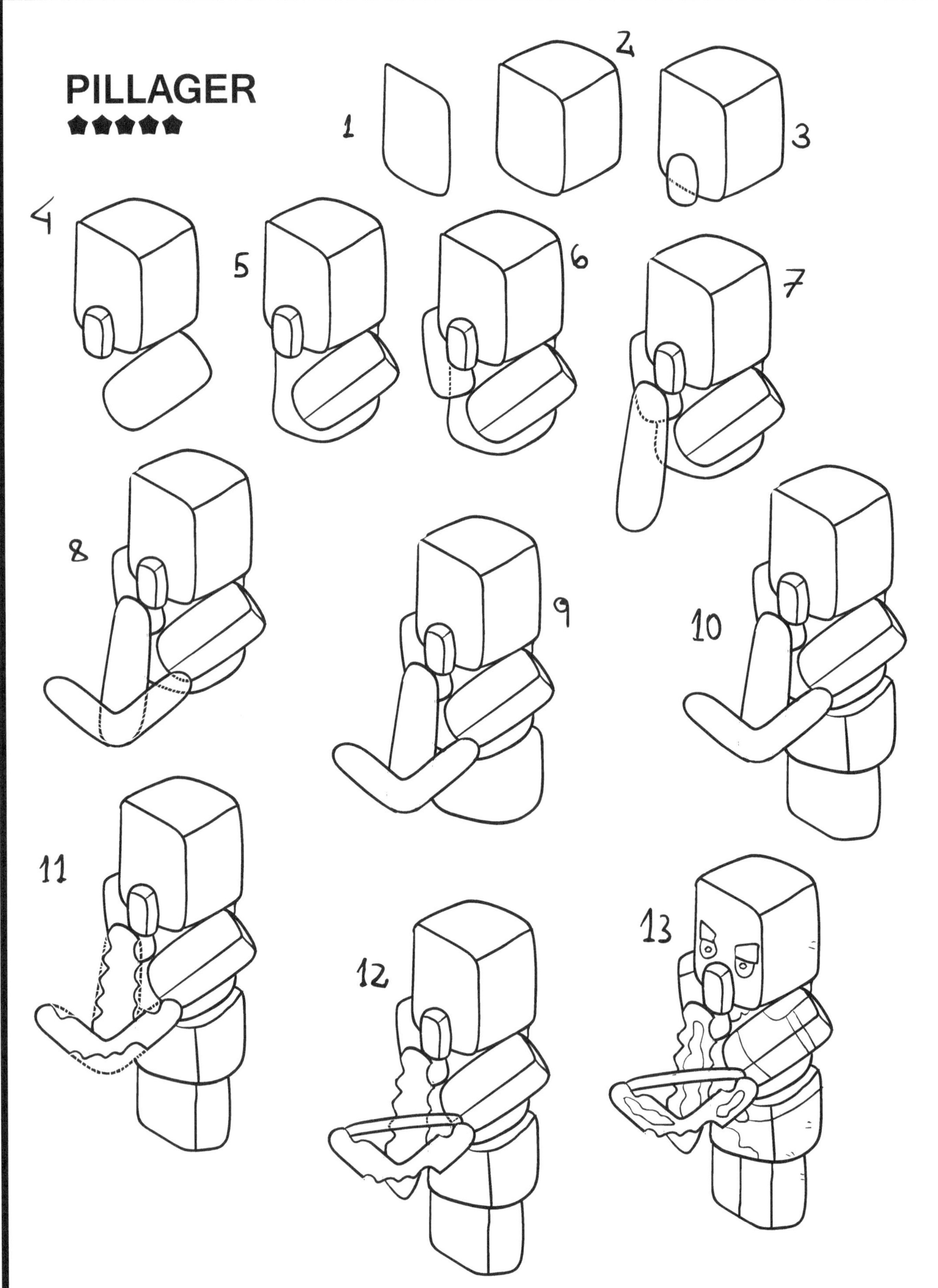

Now, it's your turn

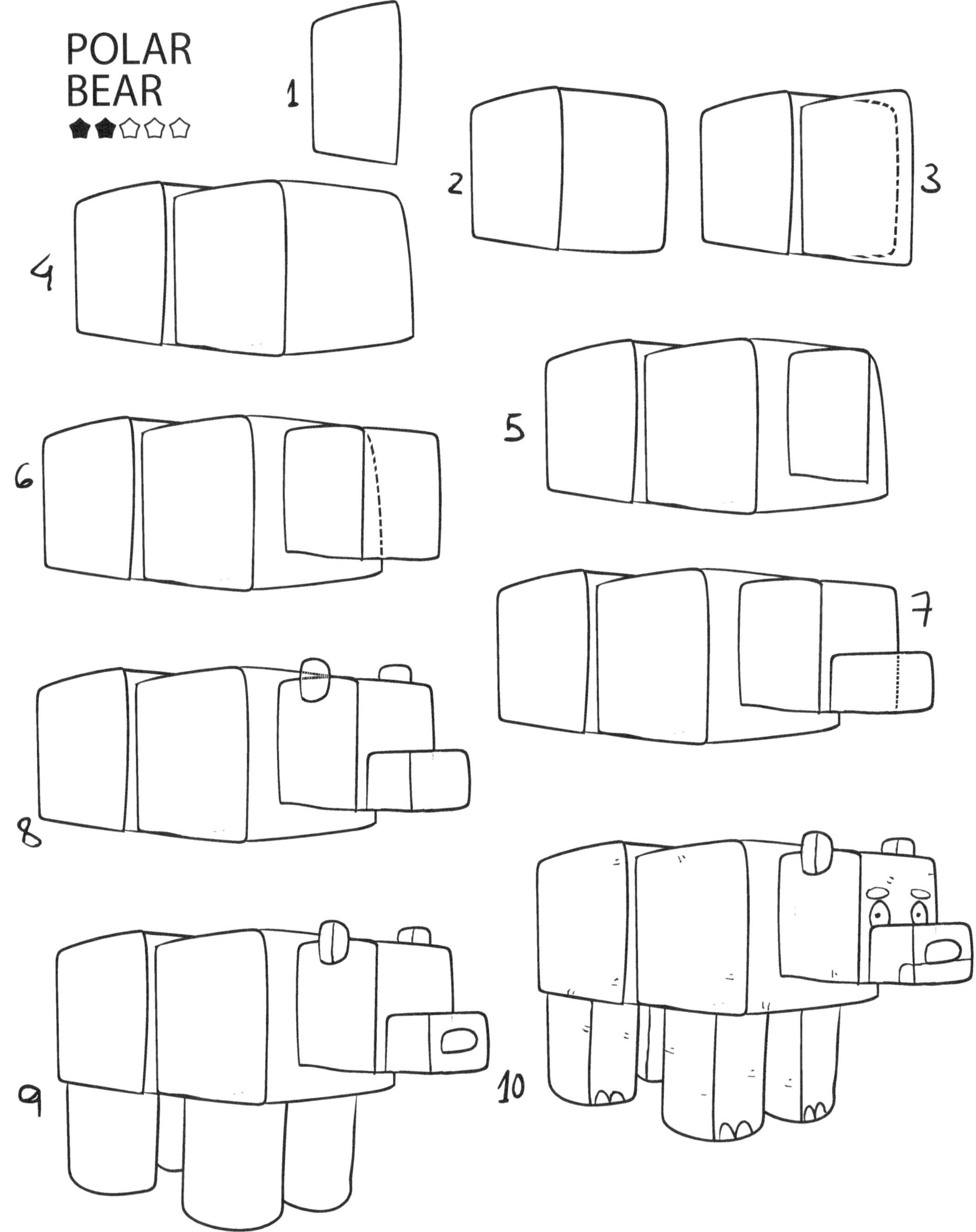

POLAR
BEAR
1
2
3
4
5
6
7
8
9
10

PUFFERFISH

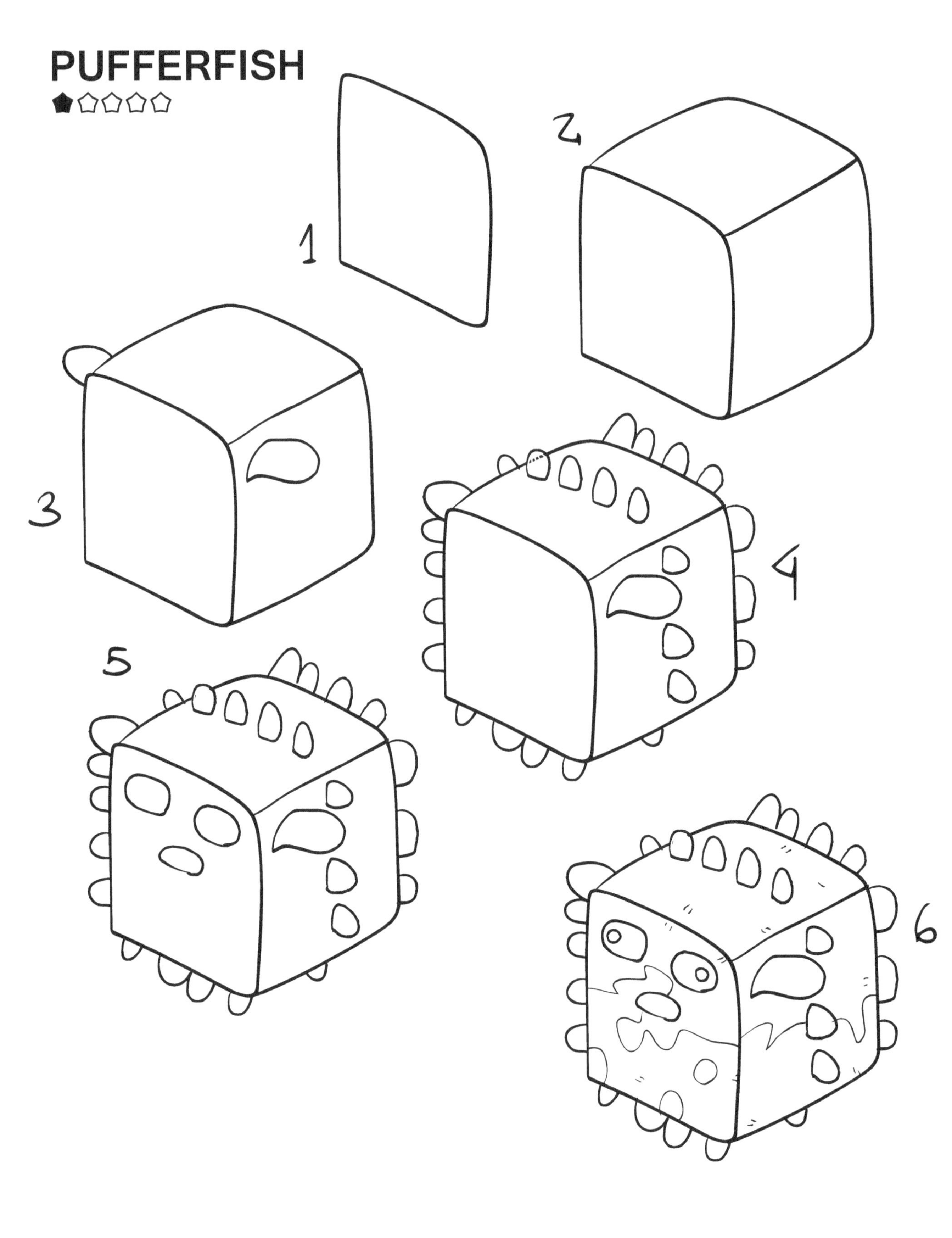

Now, it's your turn

RABBIT
★★★☆☆

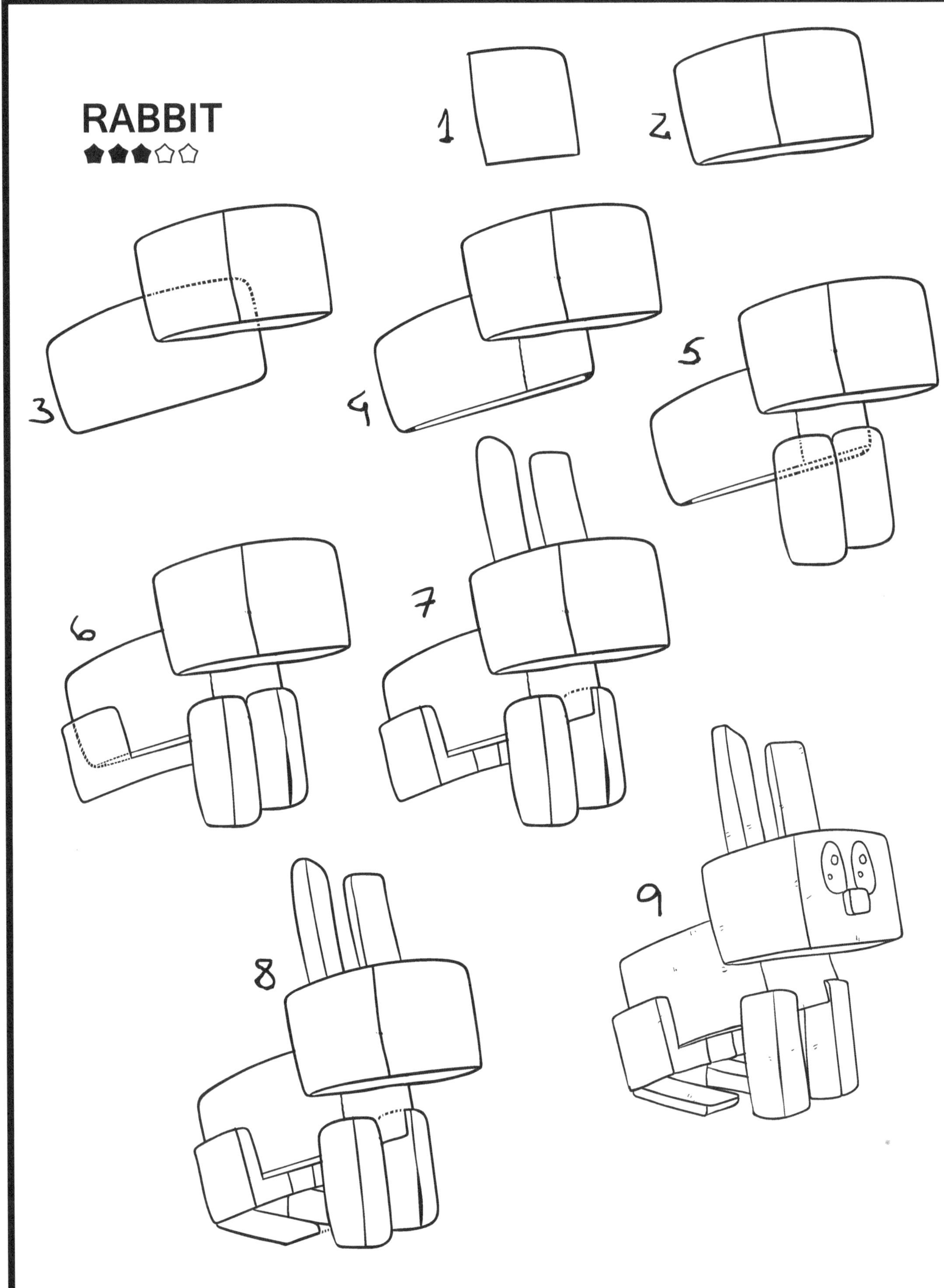

Now, it's your turn

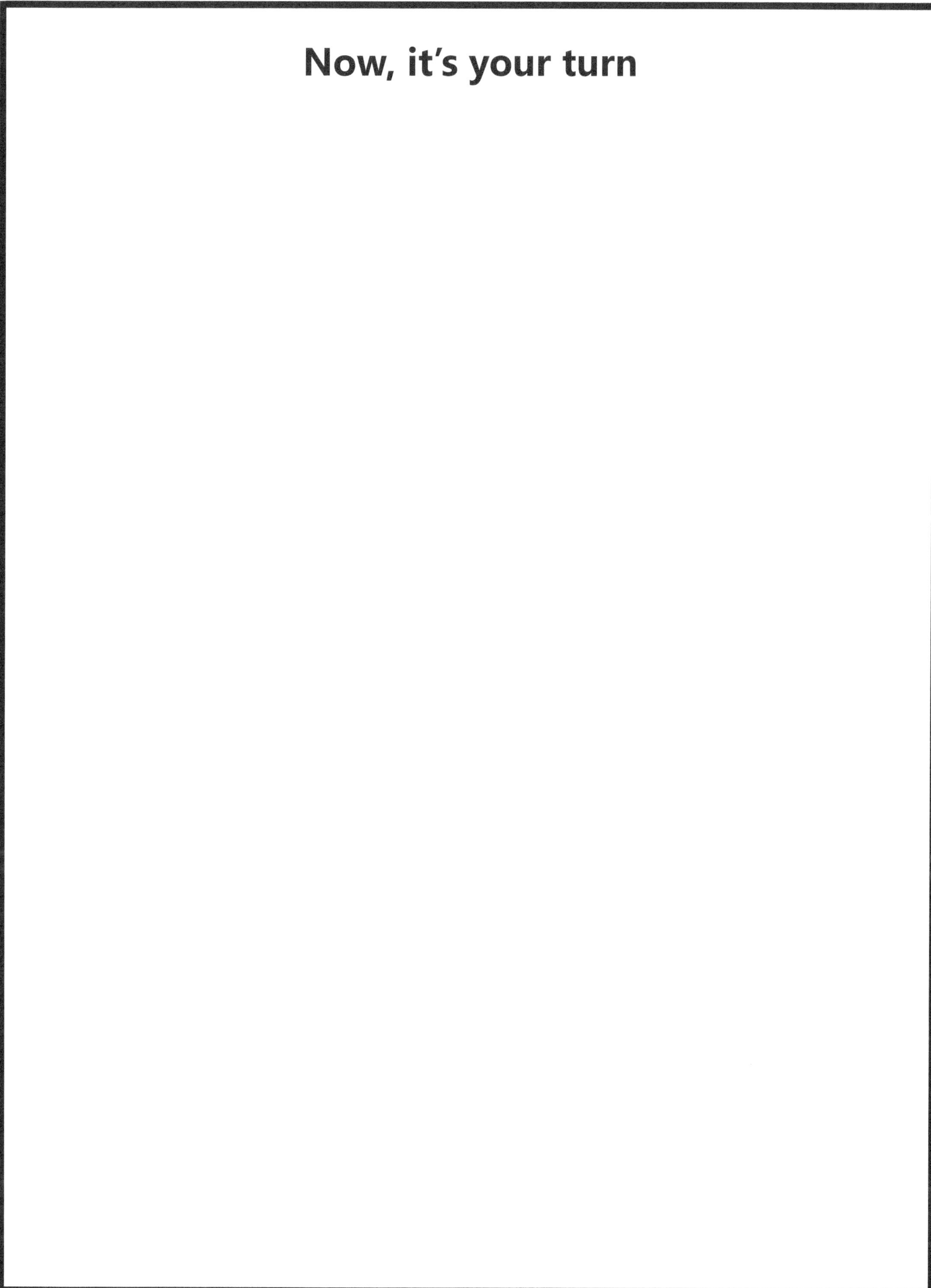

RAINBOW
SHEEP
★★★★☆

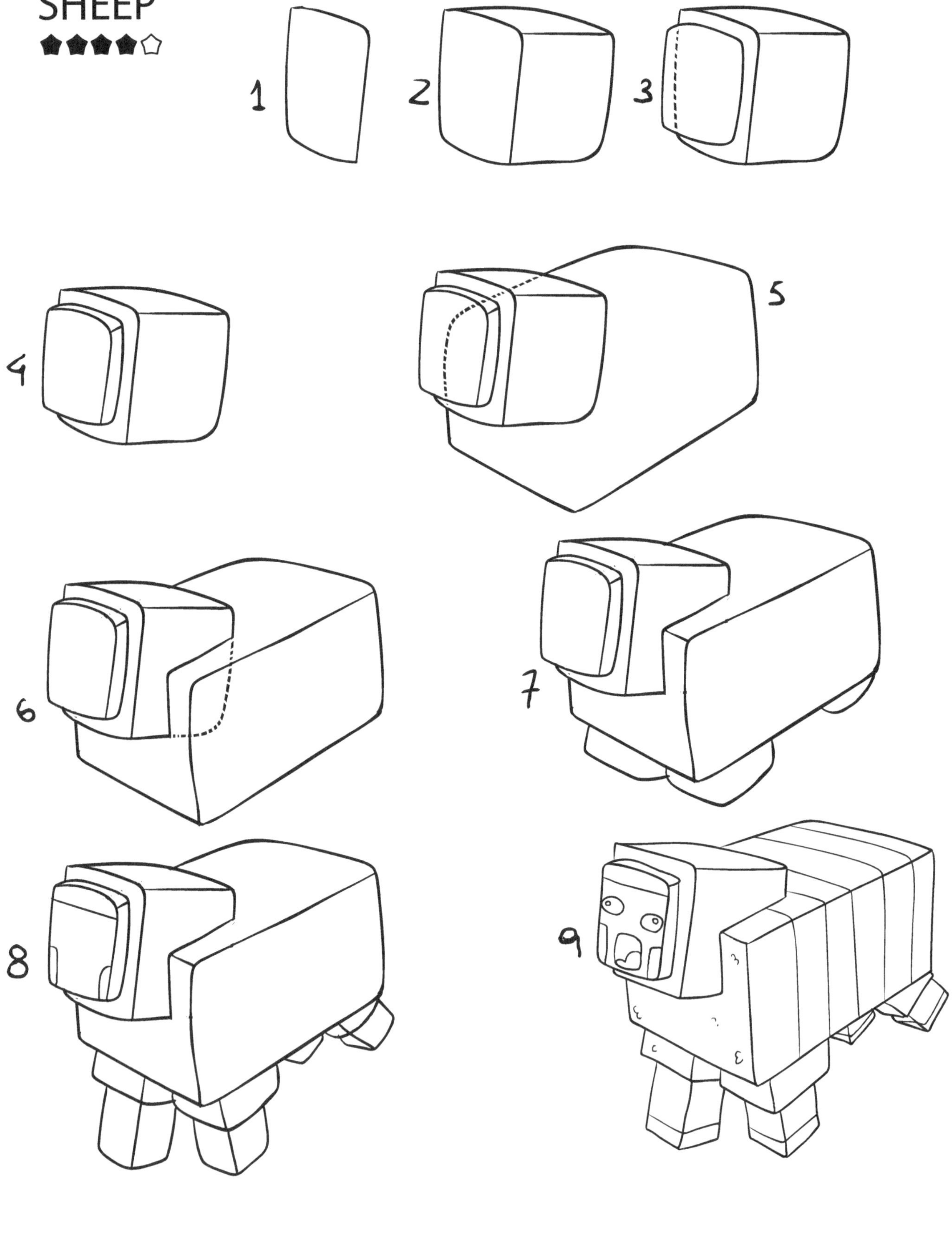

1

2

3

4

5

6

7

8

9

Now, it's your turn

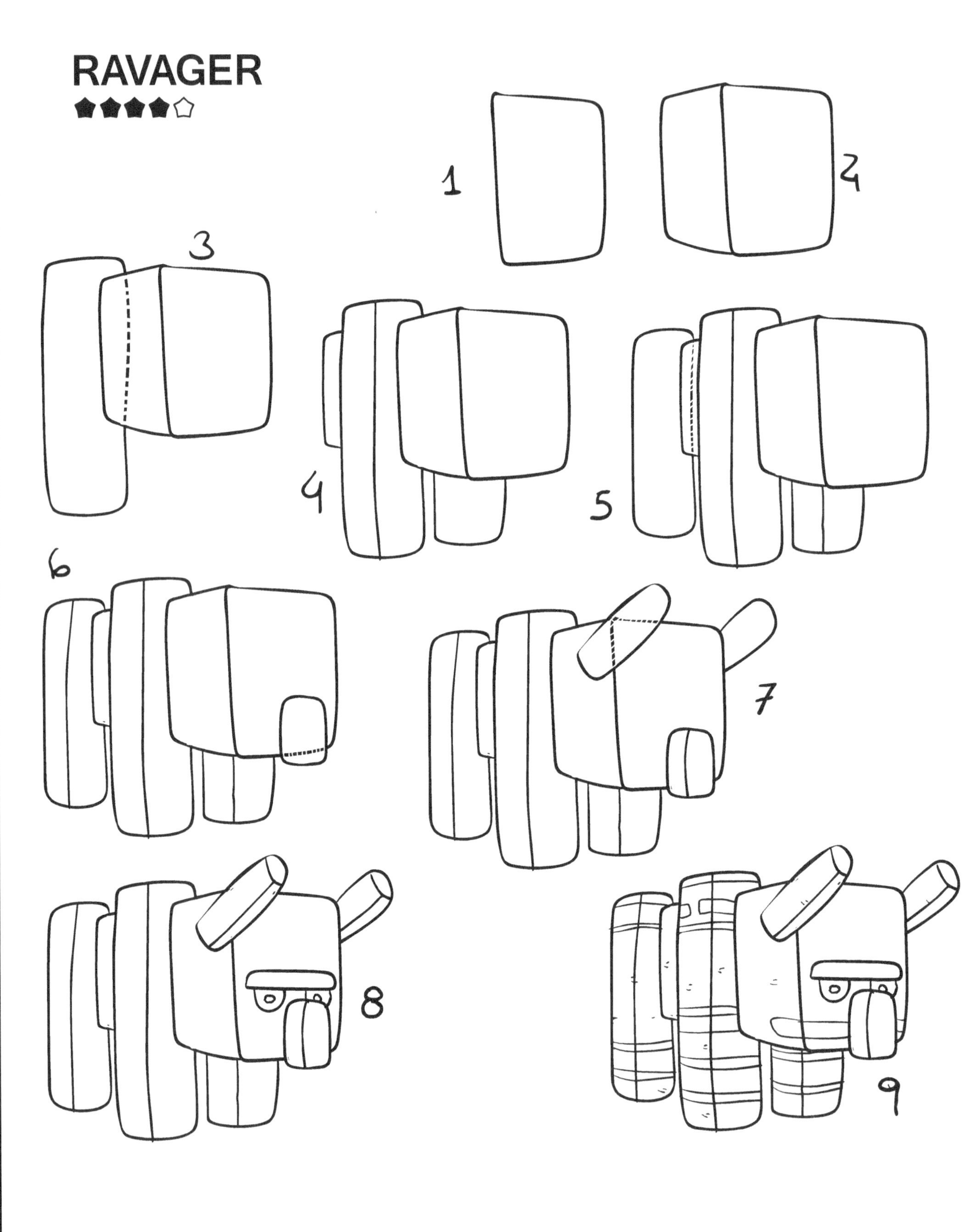

RAVAGER
1
2
3
4
5
6
7
8
9

Now, it's your turn

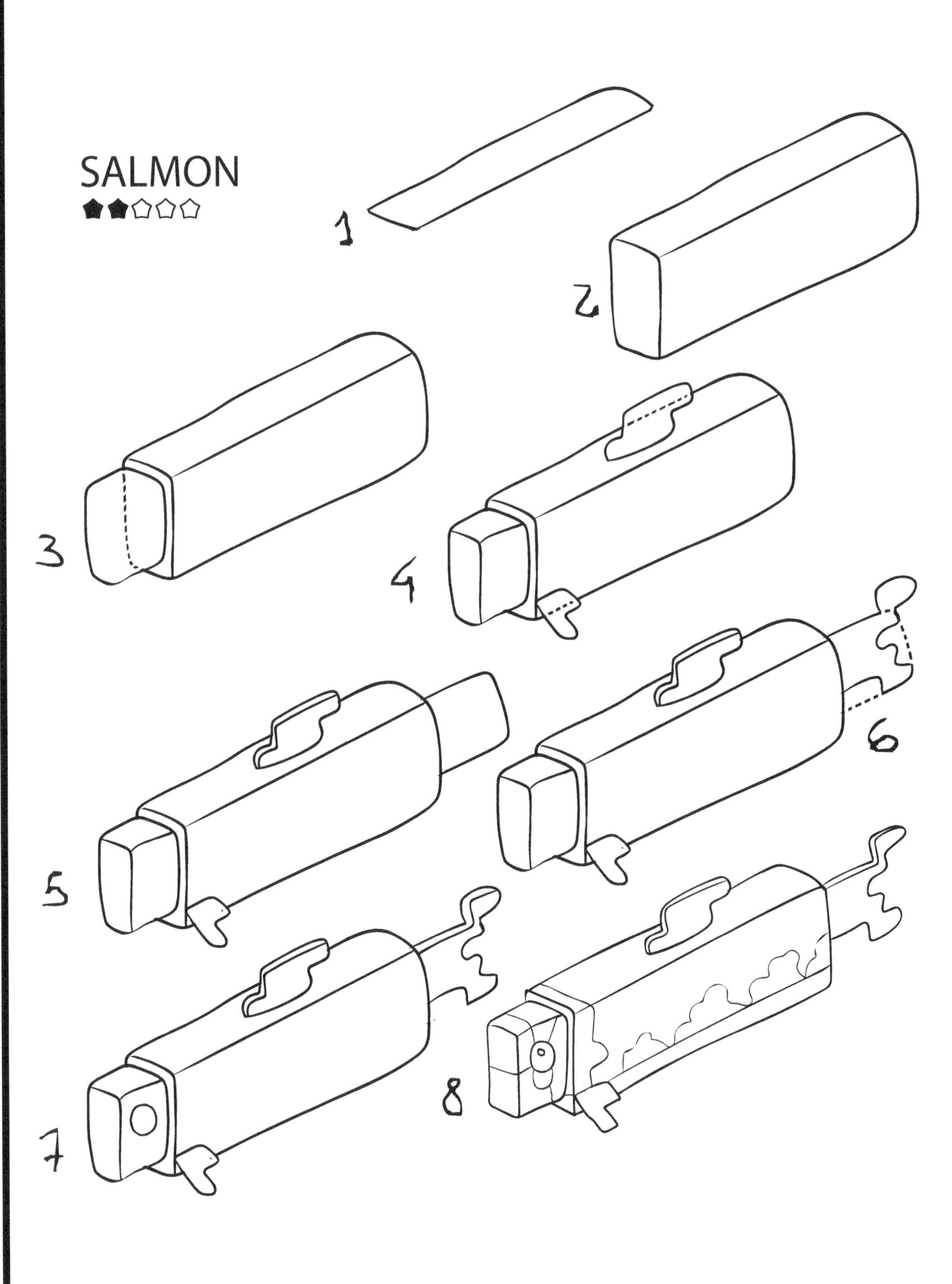

SALMON
1
2
3
4
5
6
7
8

Now, it's your turn

SHEEP

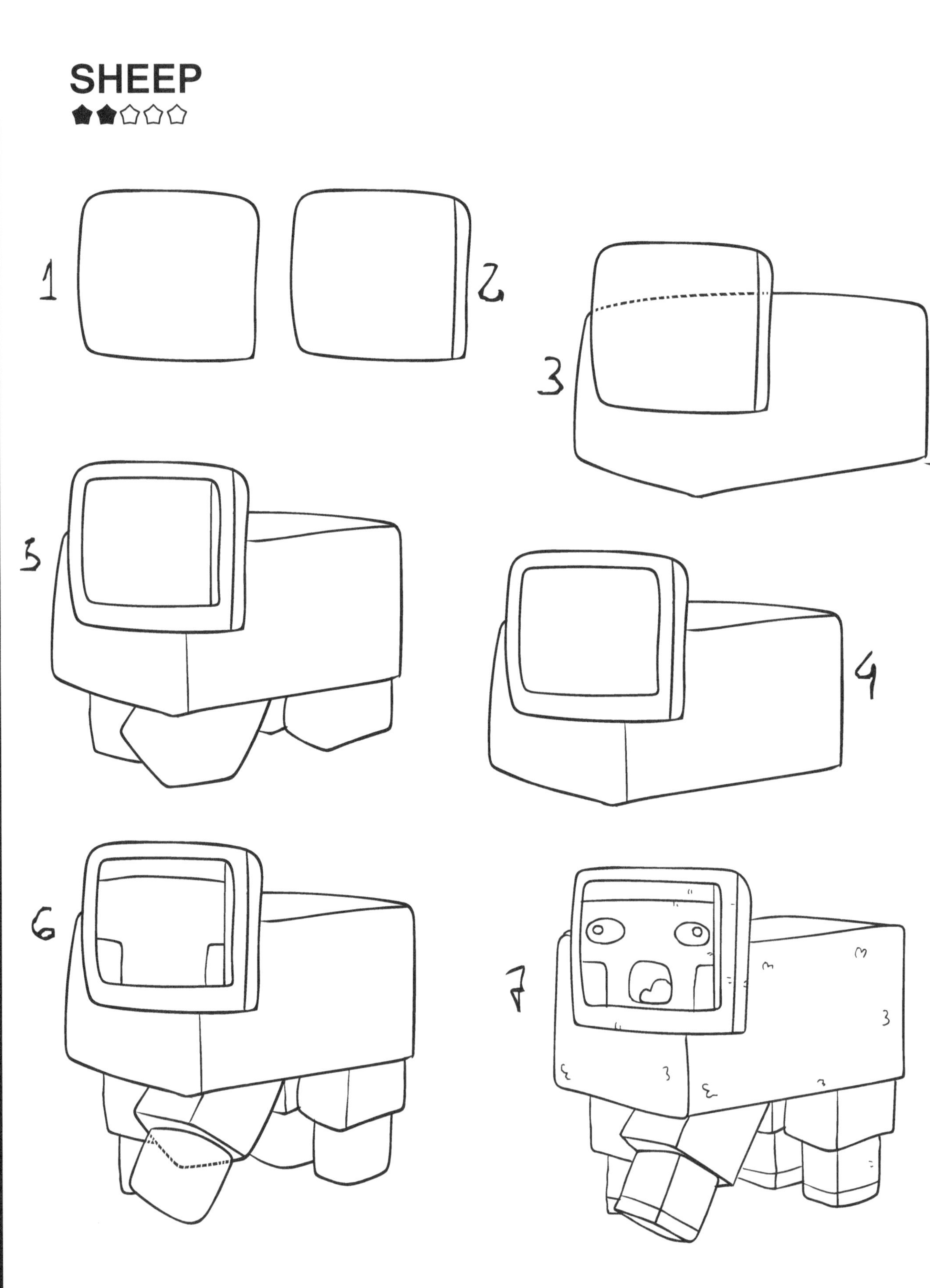

Now, it's your turn

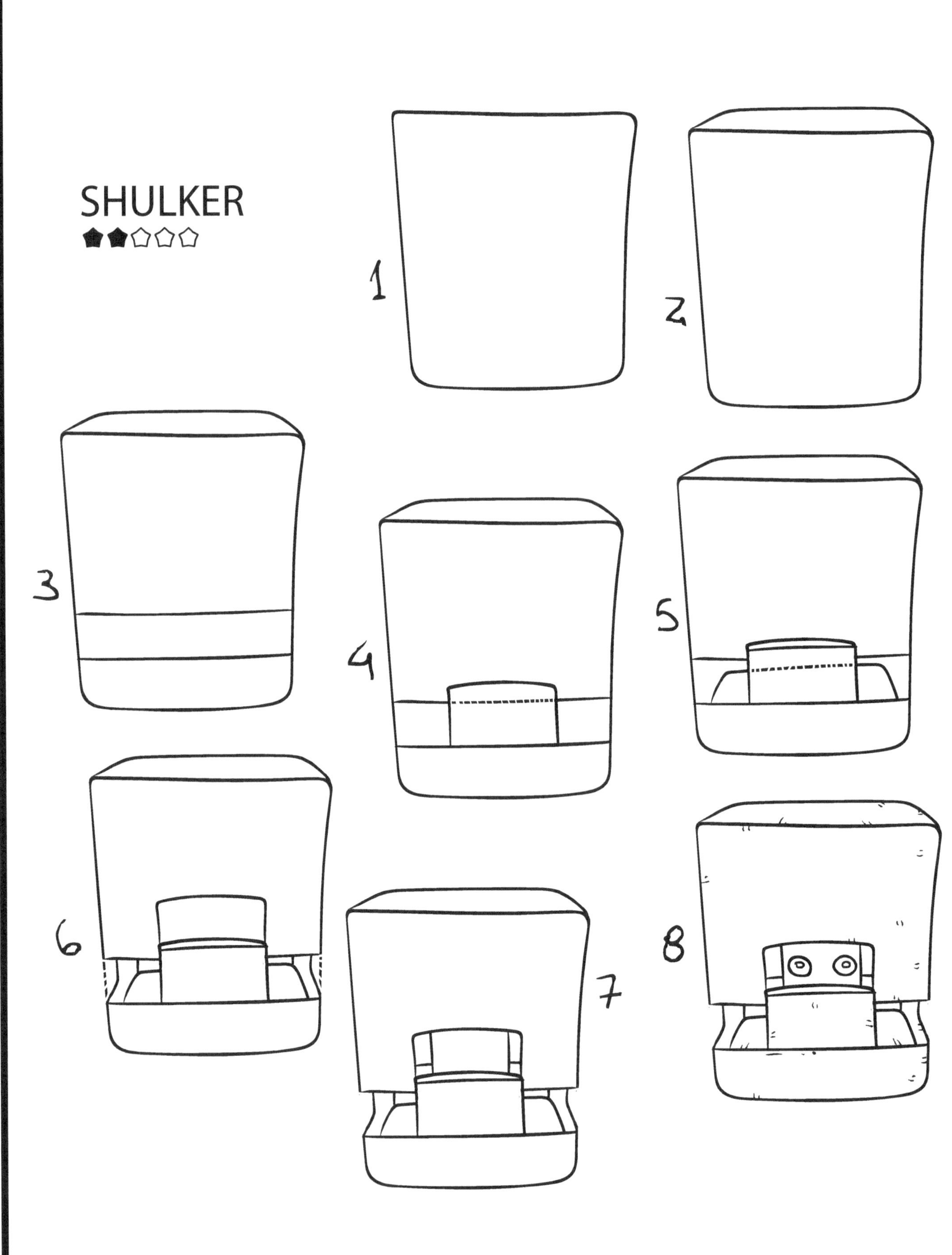

SHULKER
1
2
3
4
5
6
7
8

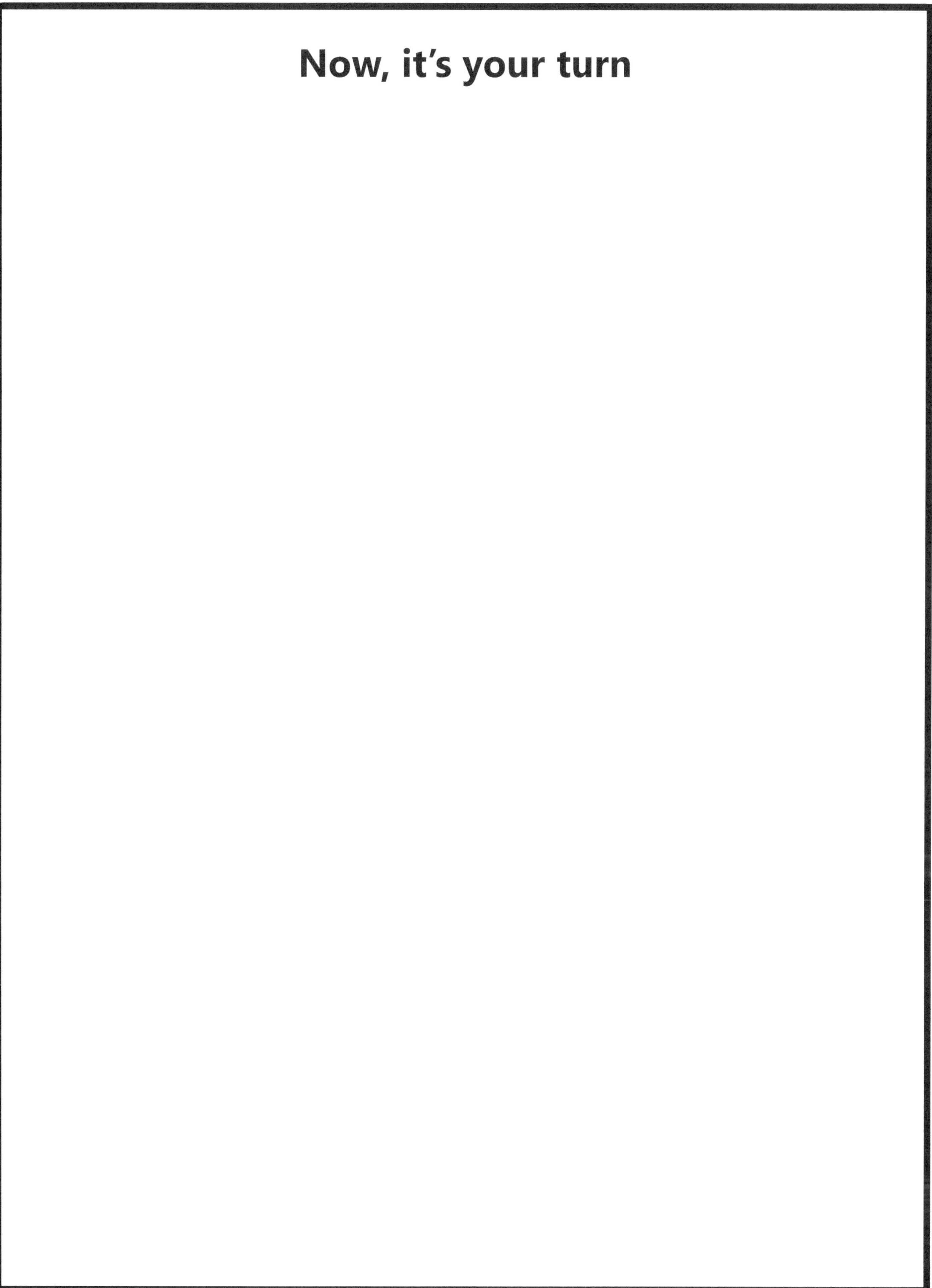

Now, it's your turn

SILVERFISH

★★★☆☆

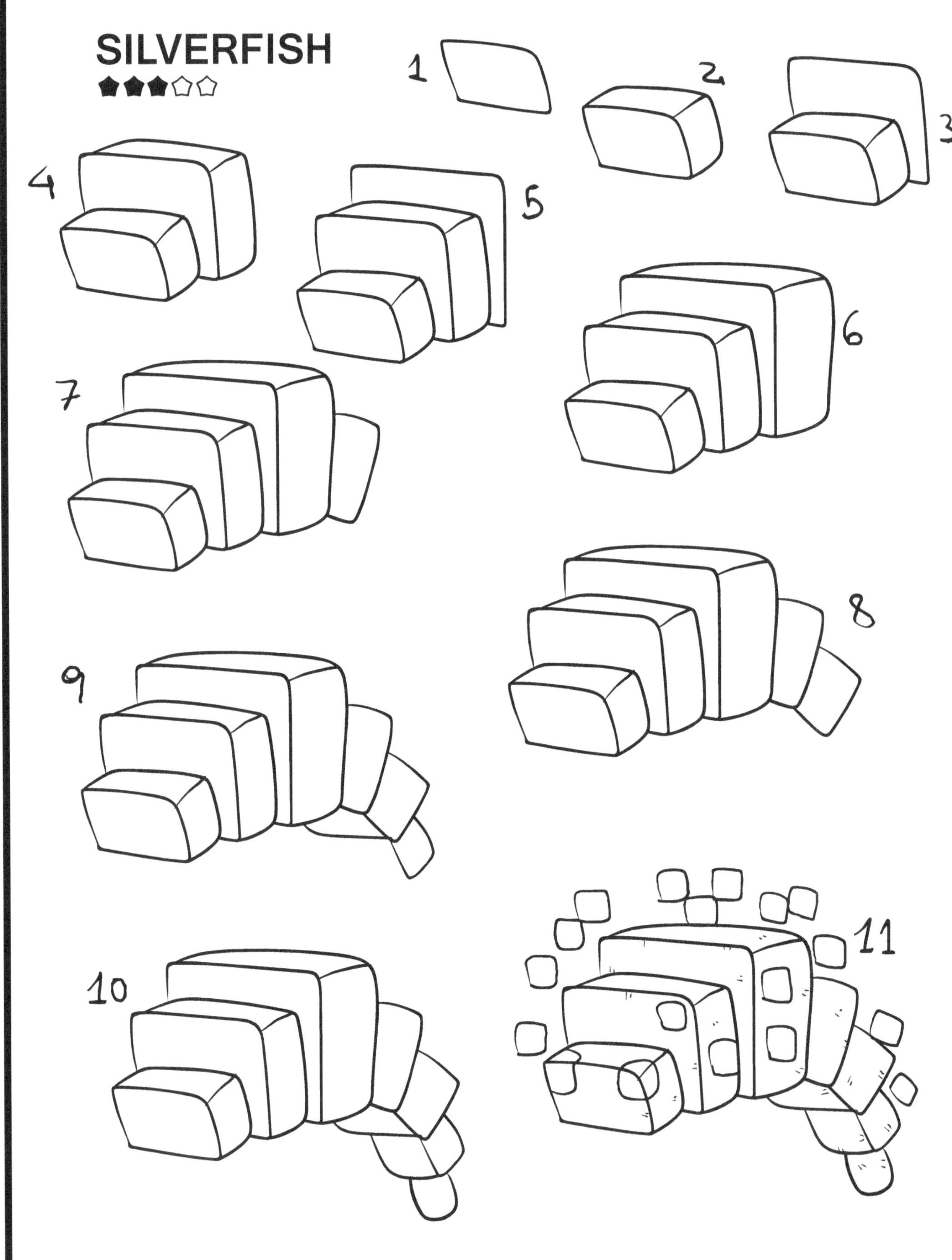

Now, it's your turn

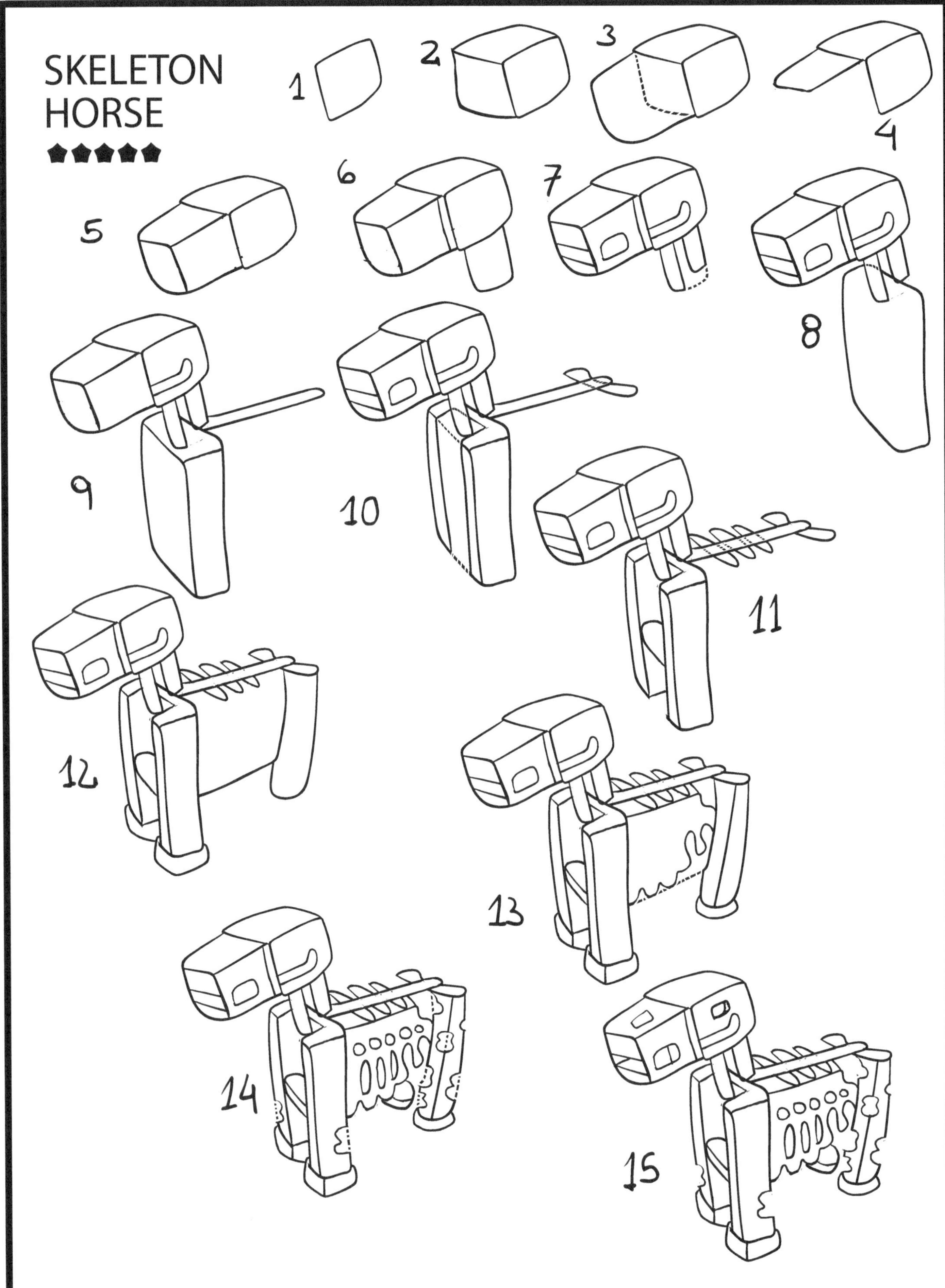

SKELETON
HORSE
1
2
3
4
5
6
7
8
9
10
11
12
13
14
15

Now, it's your turn

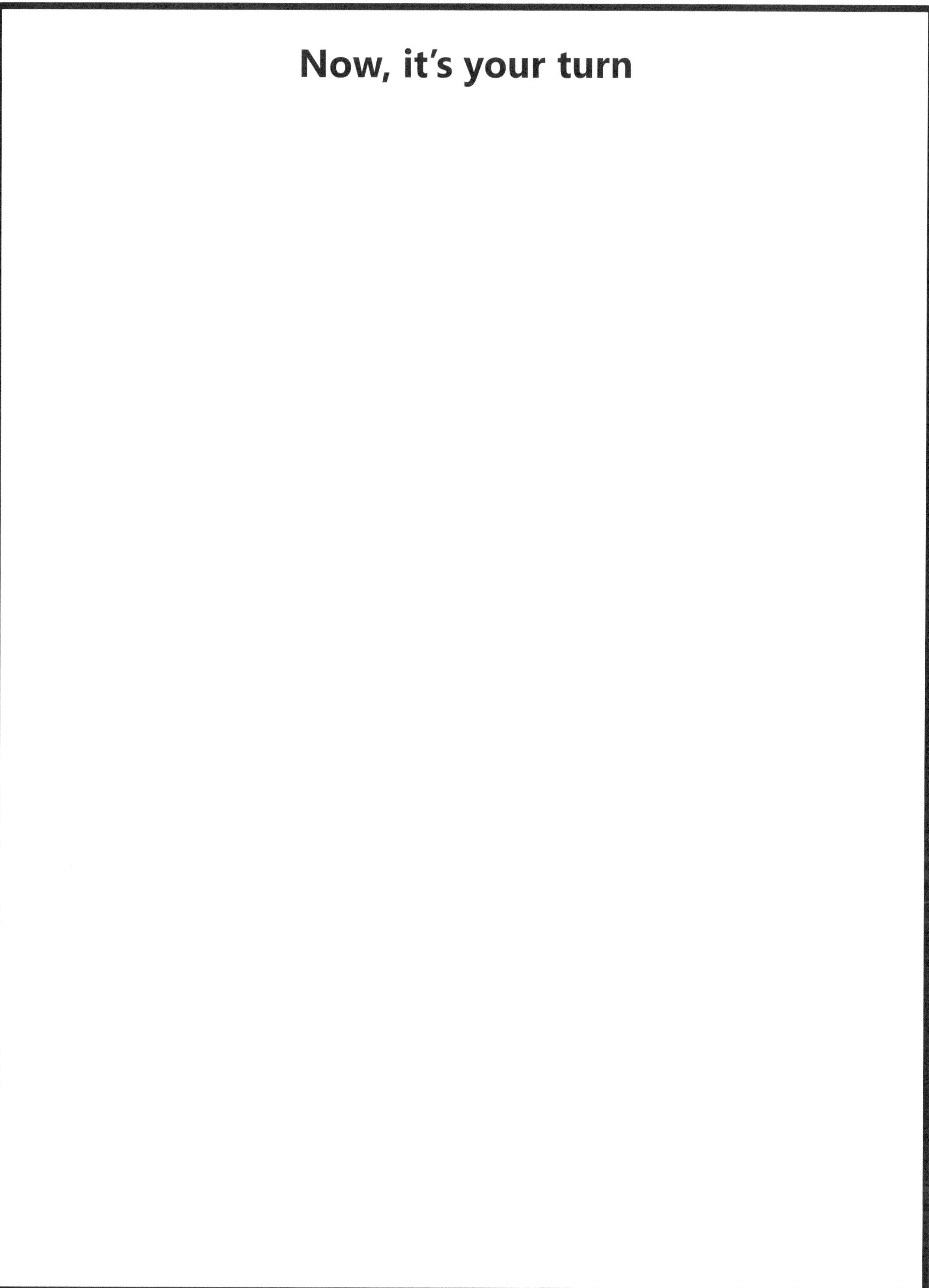

SKELETON

★★★☆☆

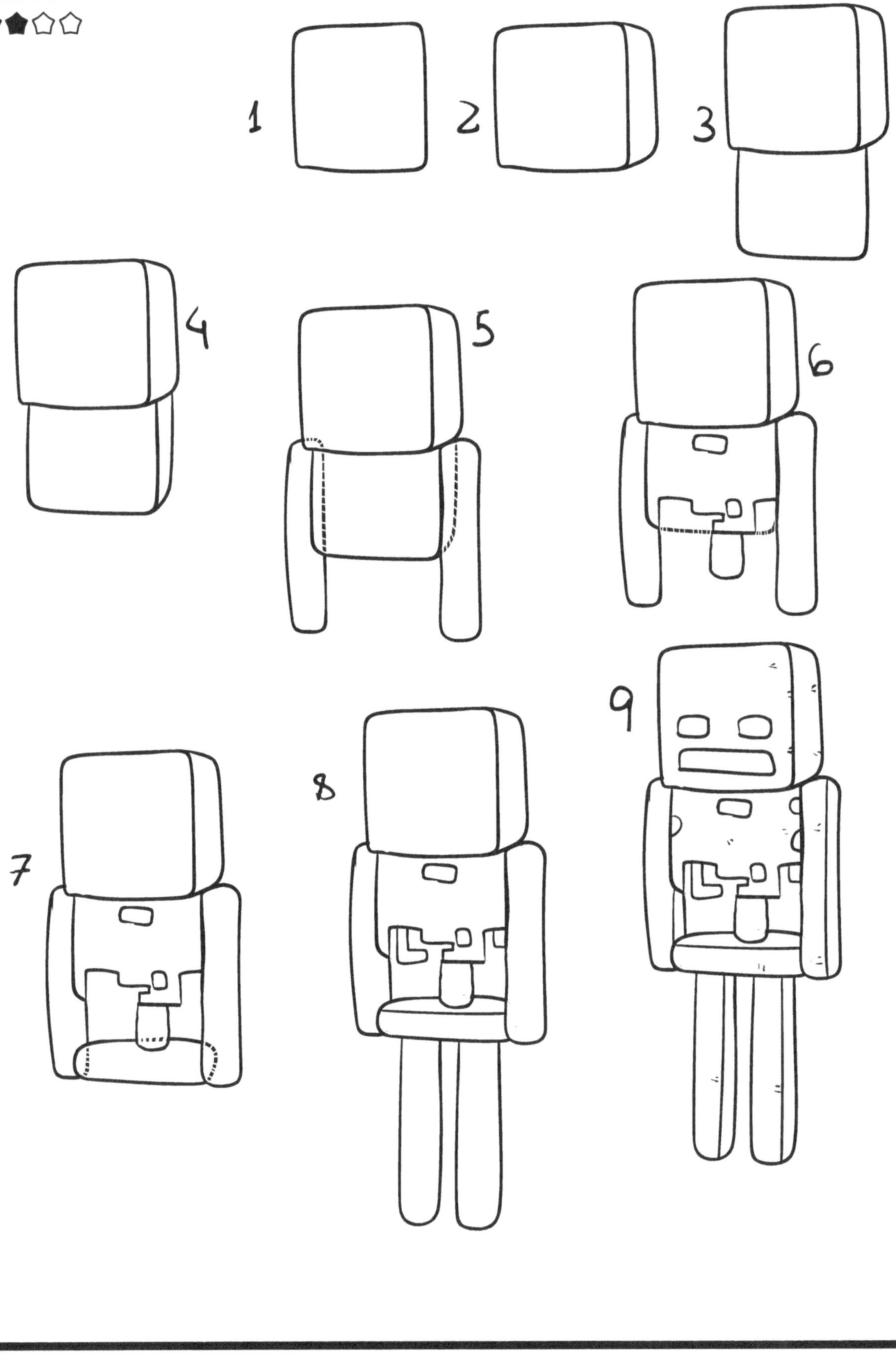

1 2 3 4 5 6 7 8 9

Now, it's your turn

SLIME

★★☆☆☆

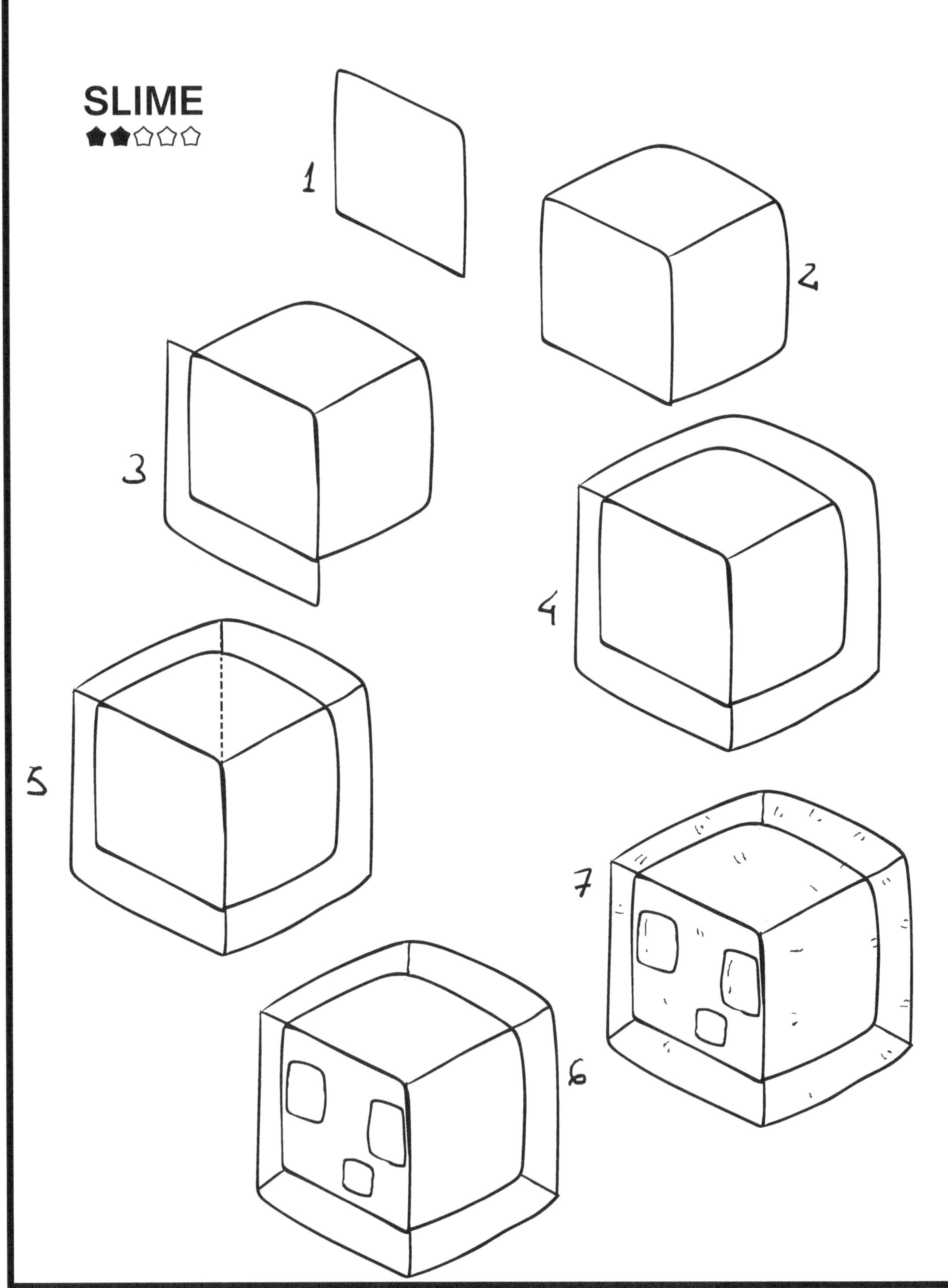

Now, it's your turn

SNOW MAN

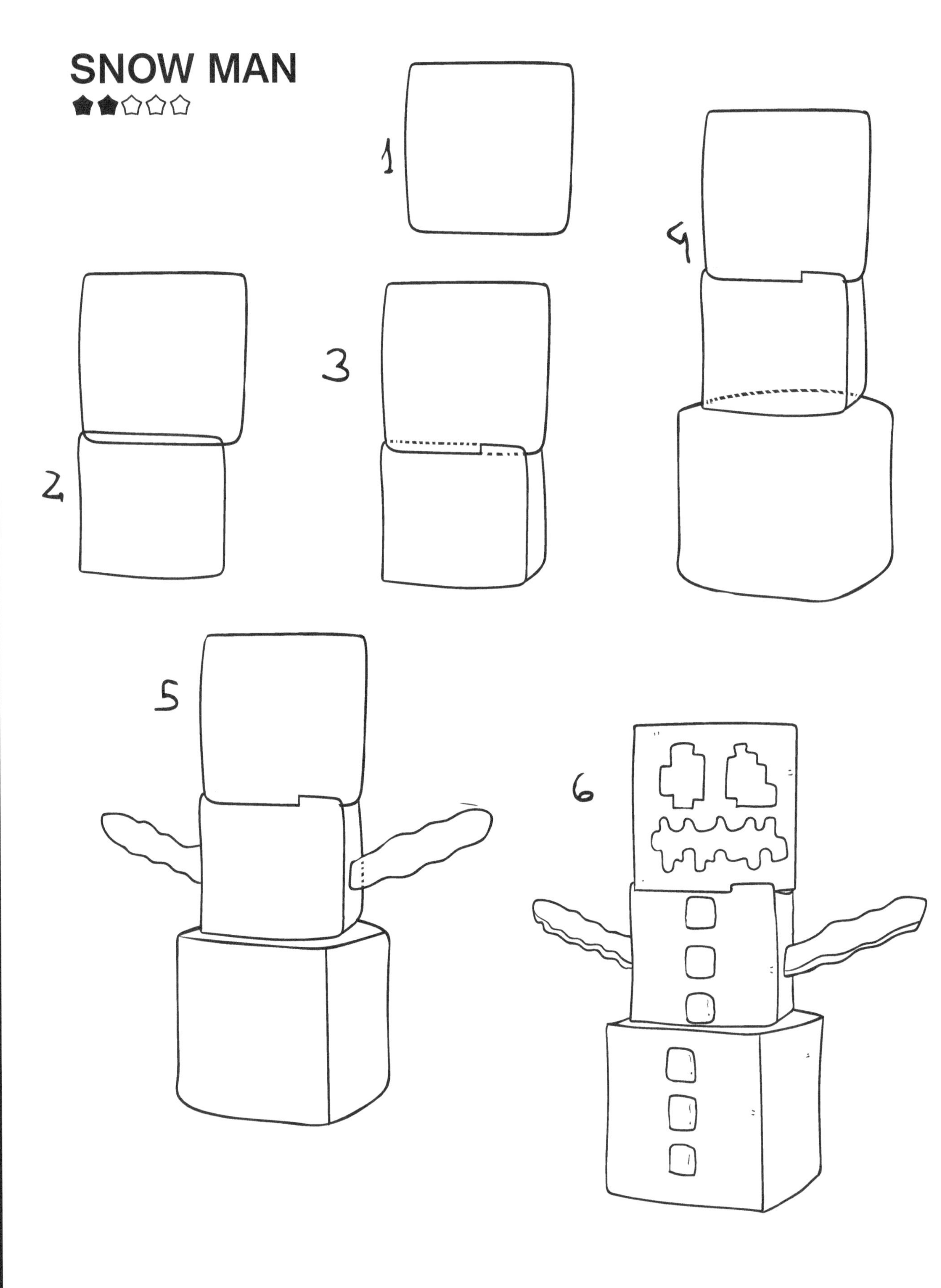

Now, it's your turn

SPIDER

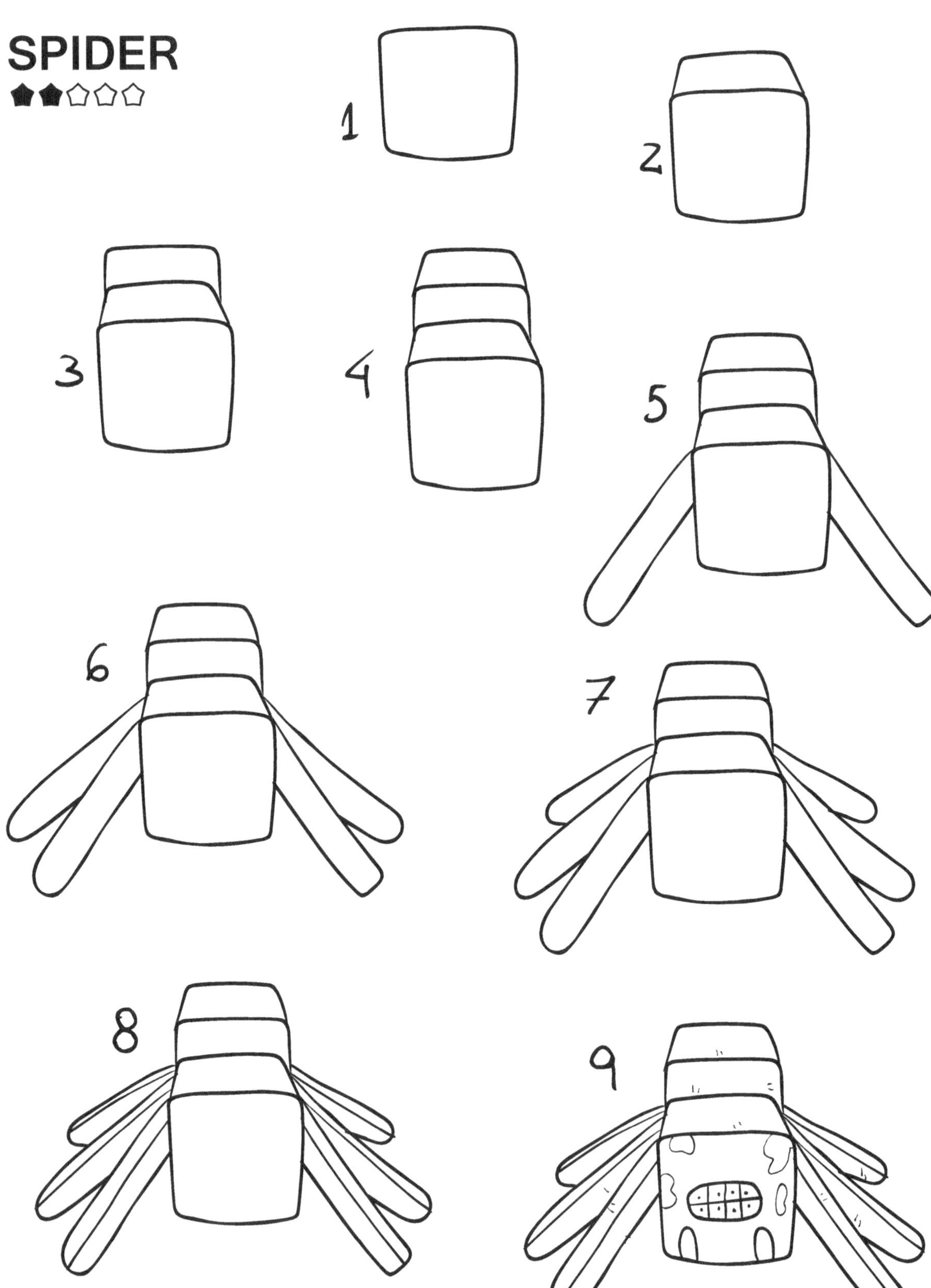

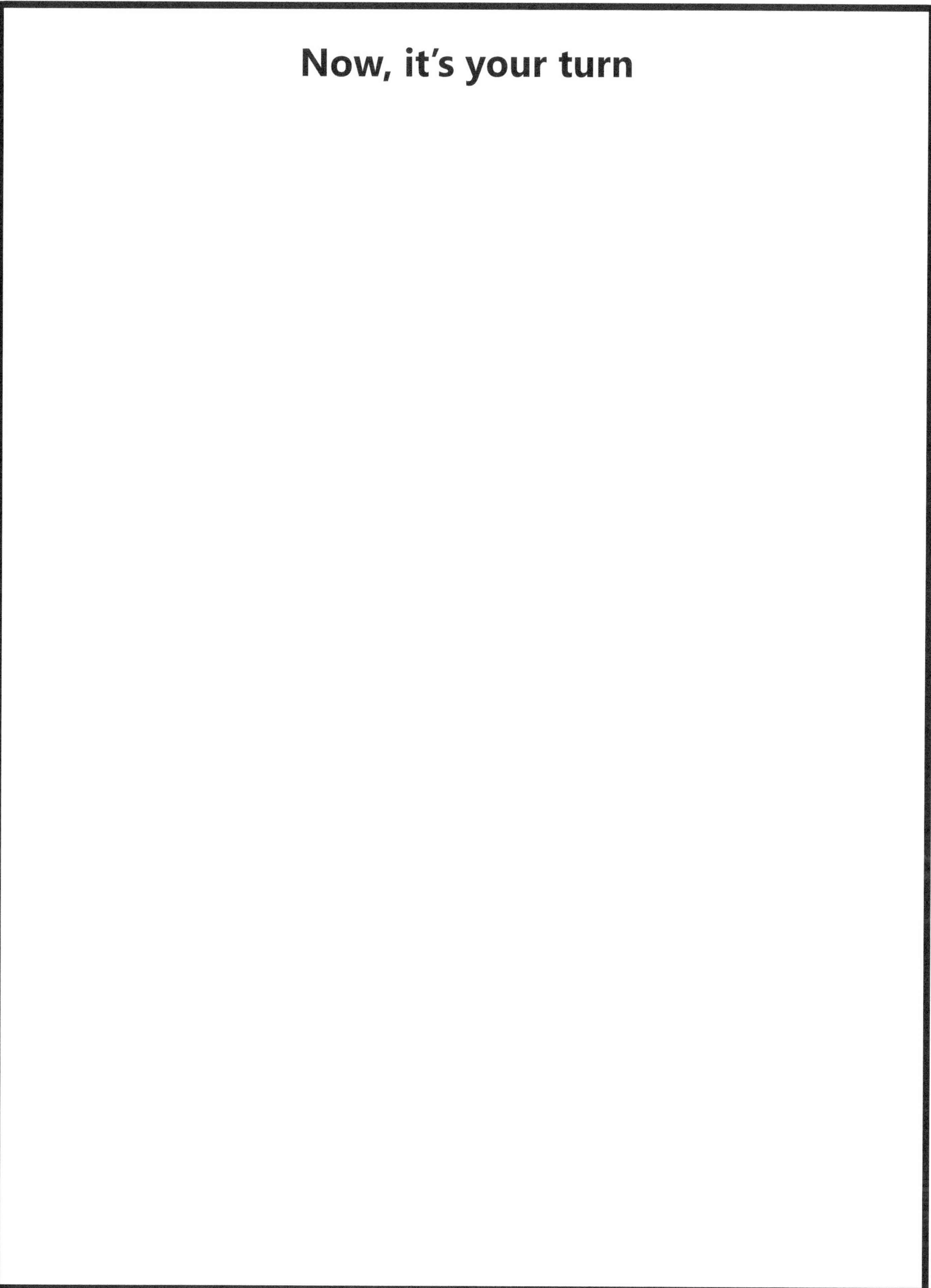# Now, it's your turn

SQUID

★★☆☆☆

1

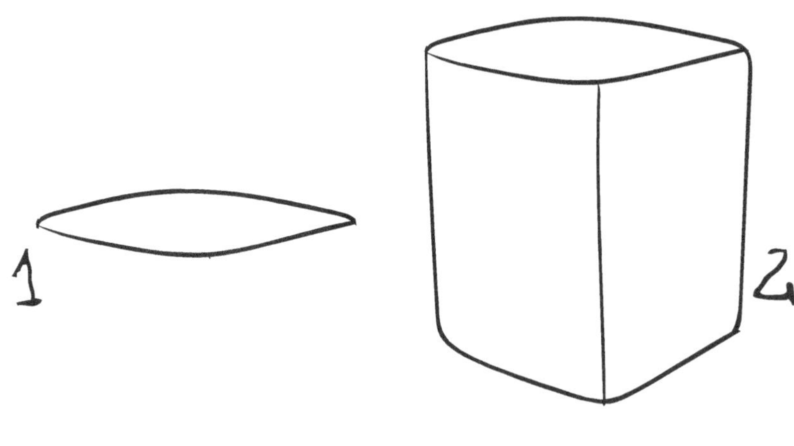

2

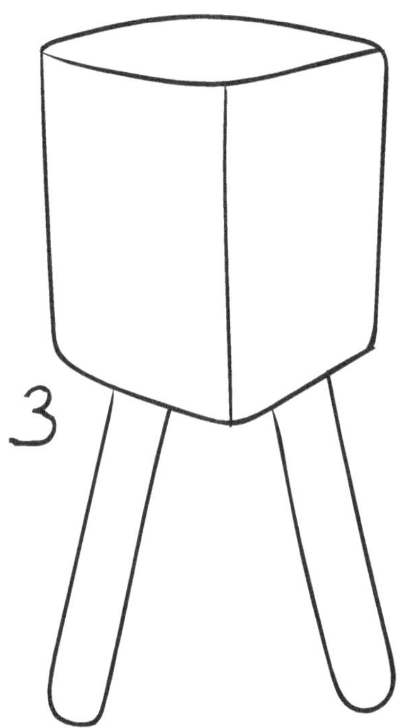

3

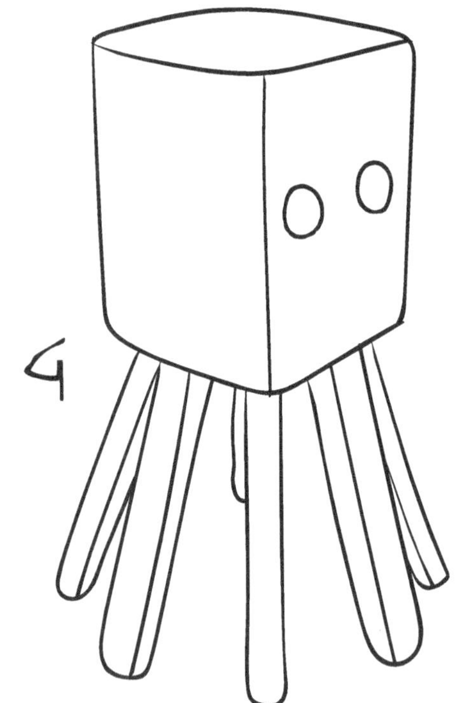

4

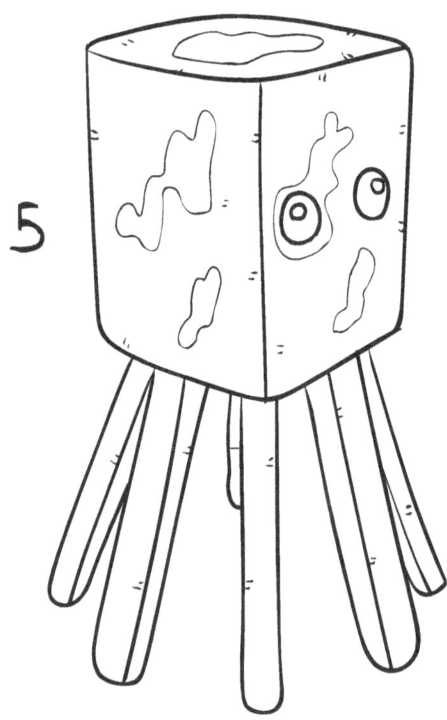

5

Now, it's your turn

STRAY
★★★☆☆

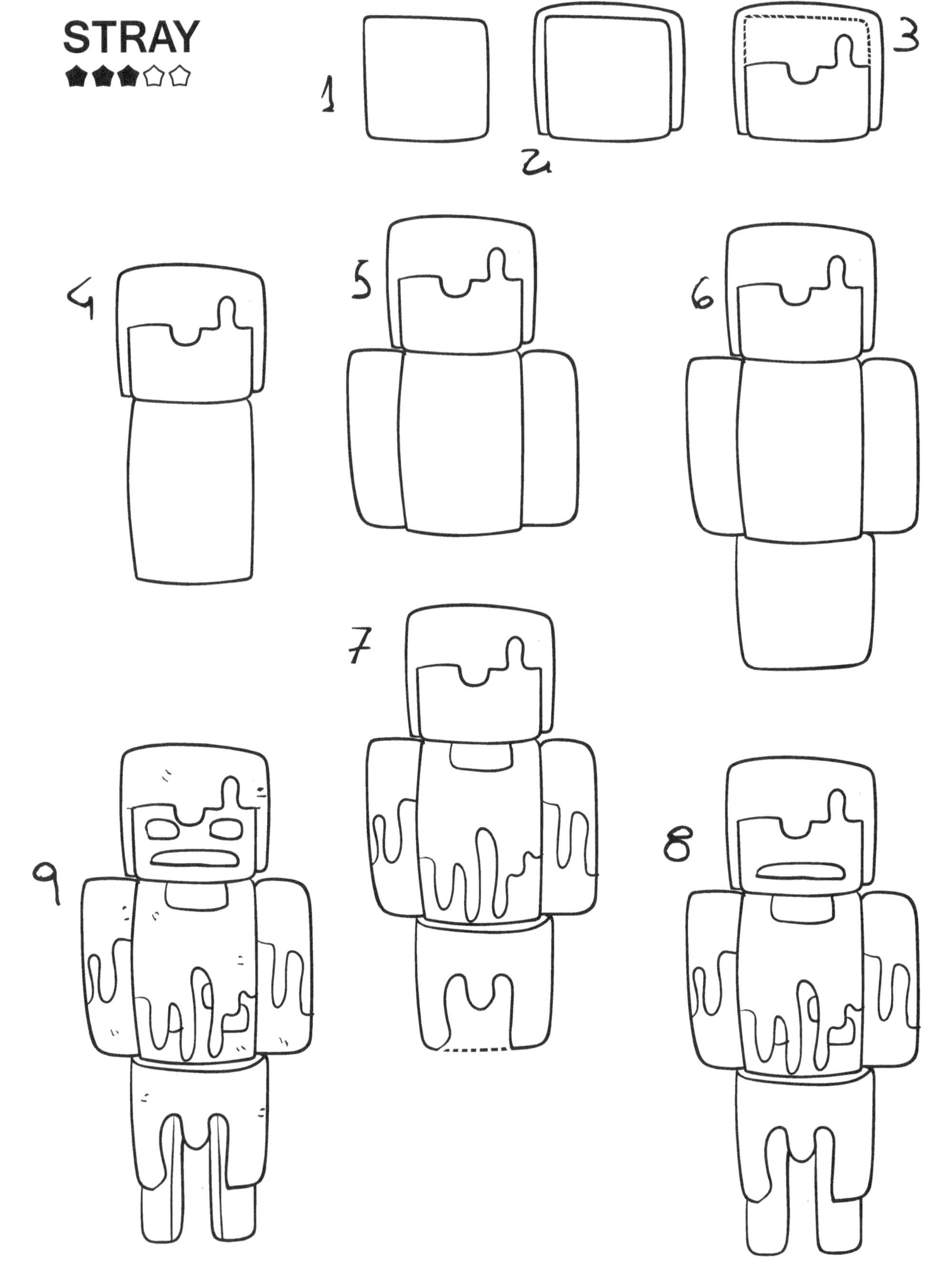

Now, it's your turn

STRIDER

Now, it's your turn

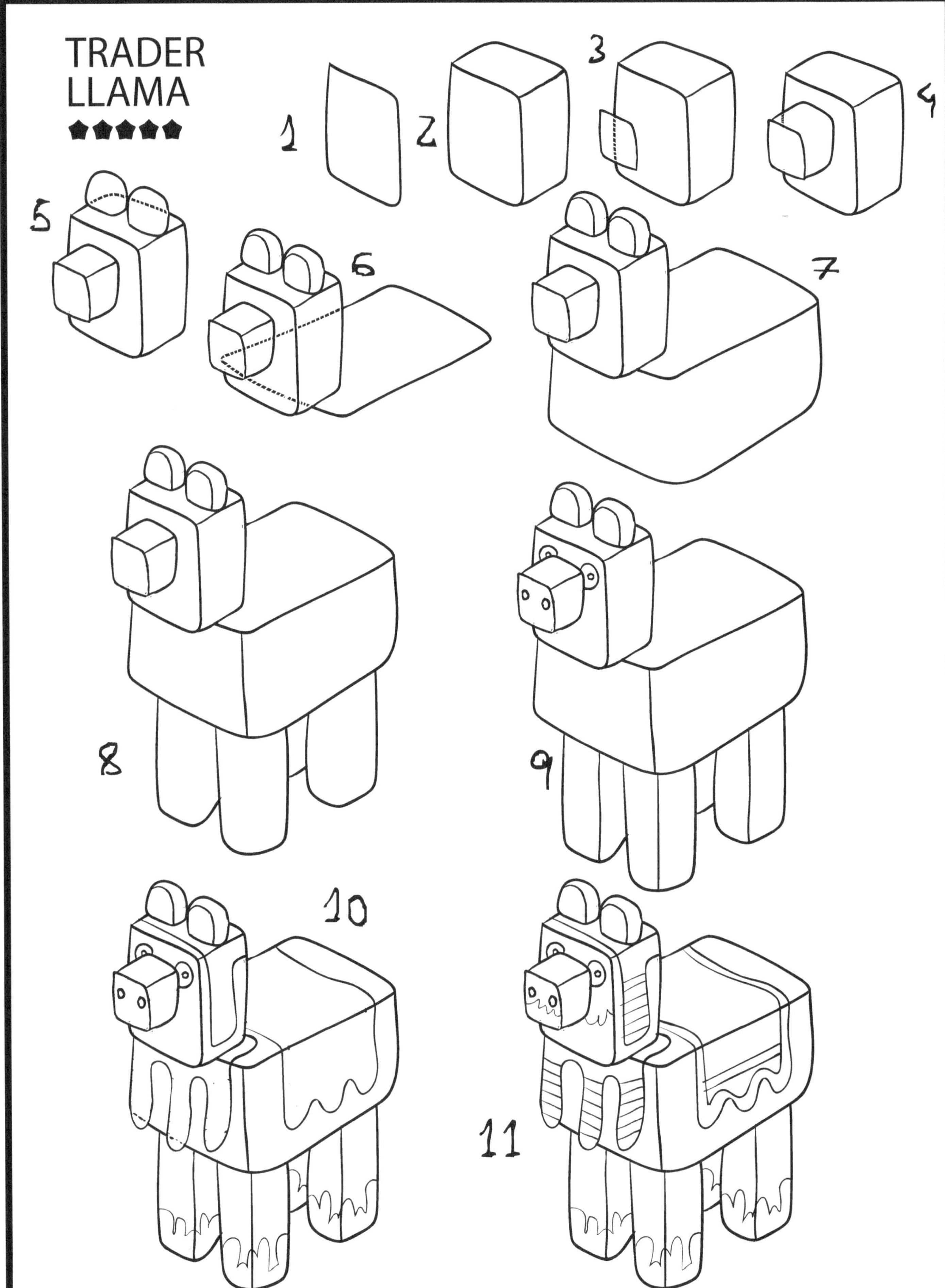

TRADER
LLAMA
1
2
3
4
5
6
7
8
9
10
11

Now, it's your turn

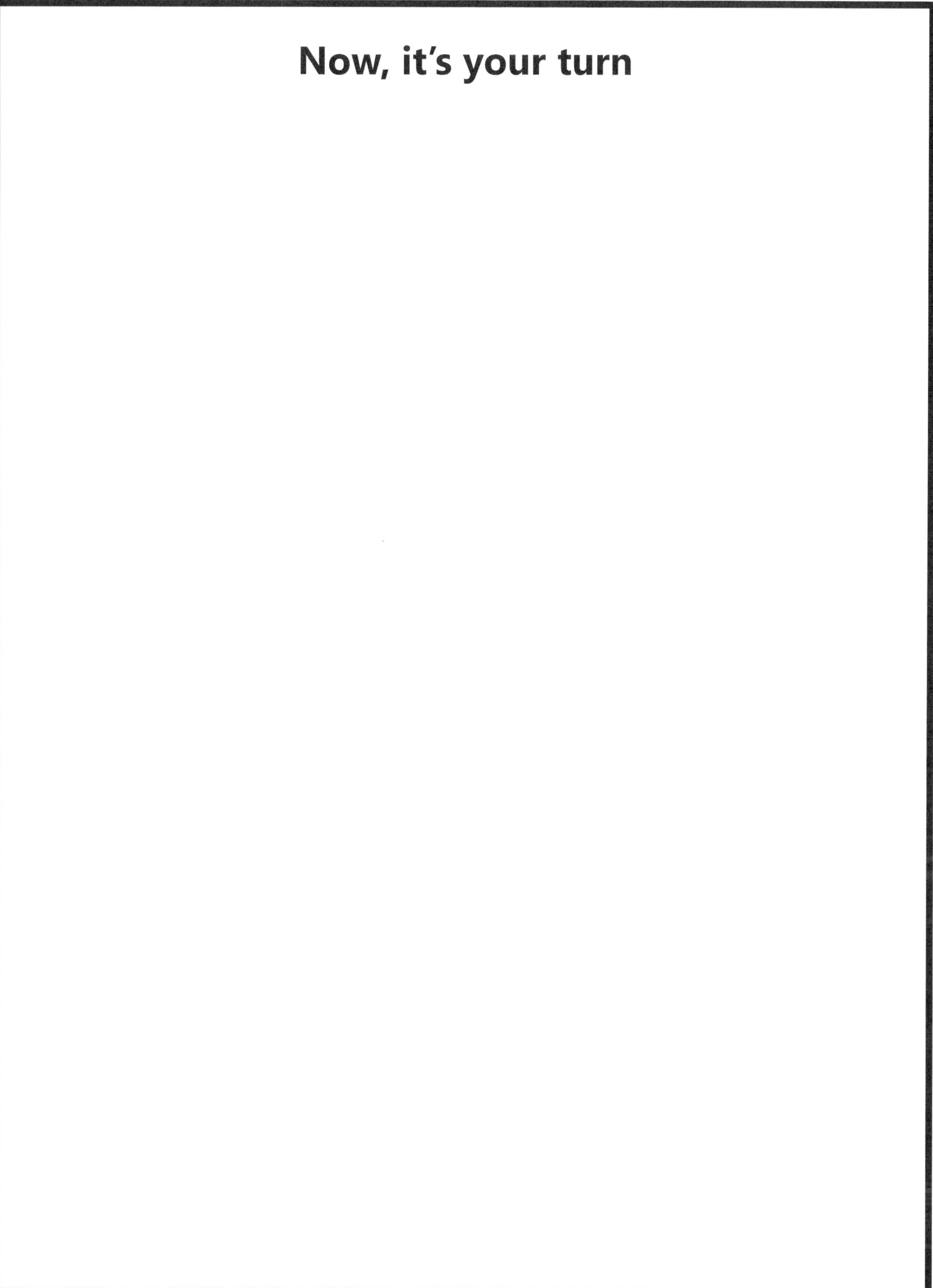

TROPICAL
FISH

★★★☆☆

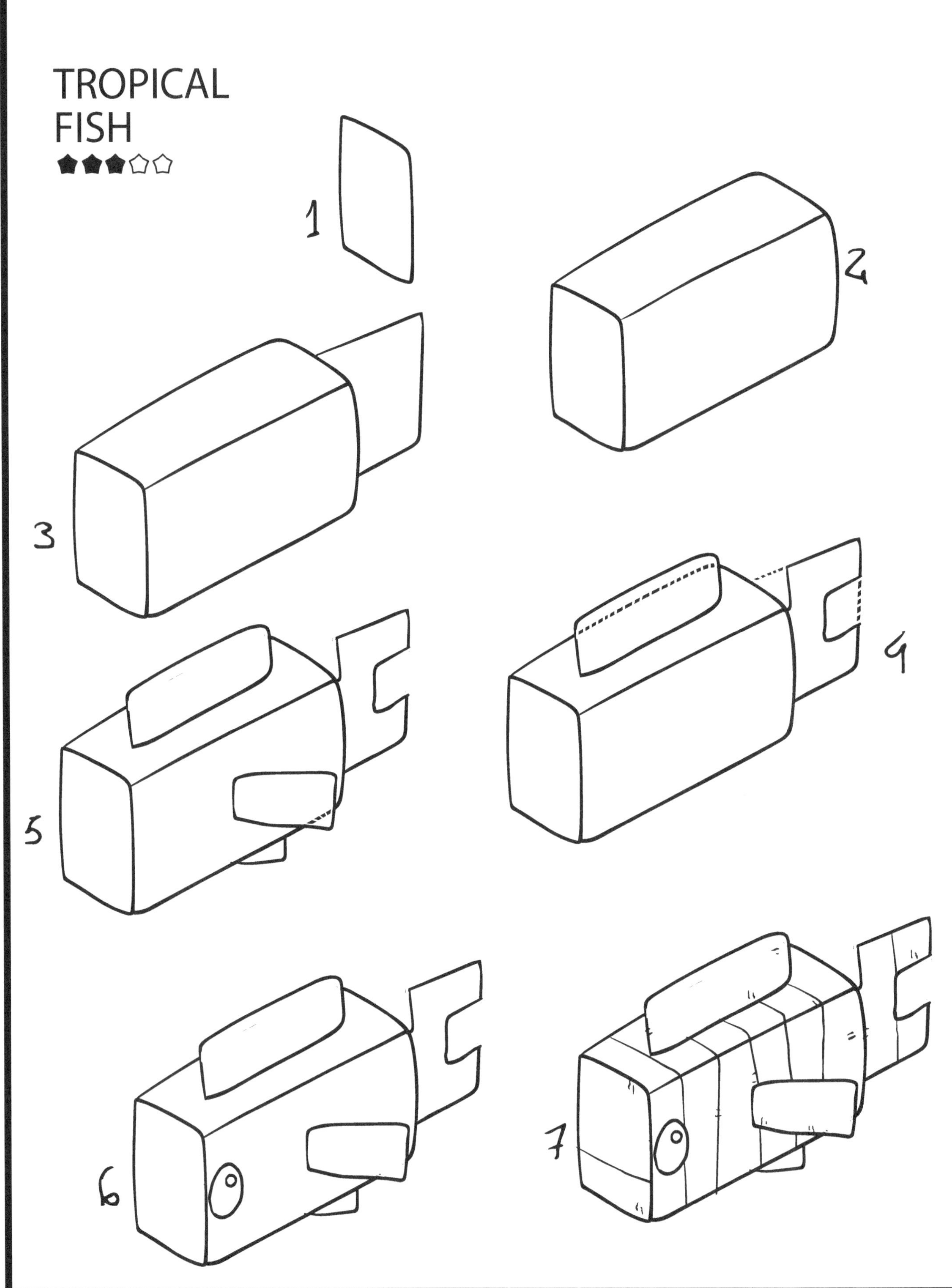

Now, it's your turn

TURTLE

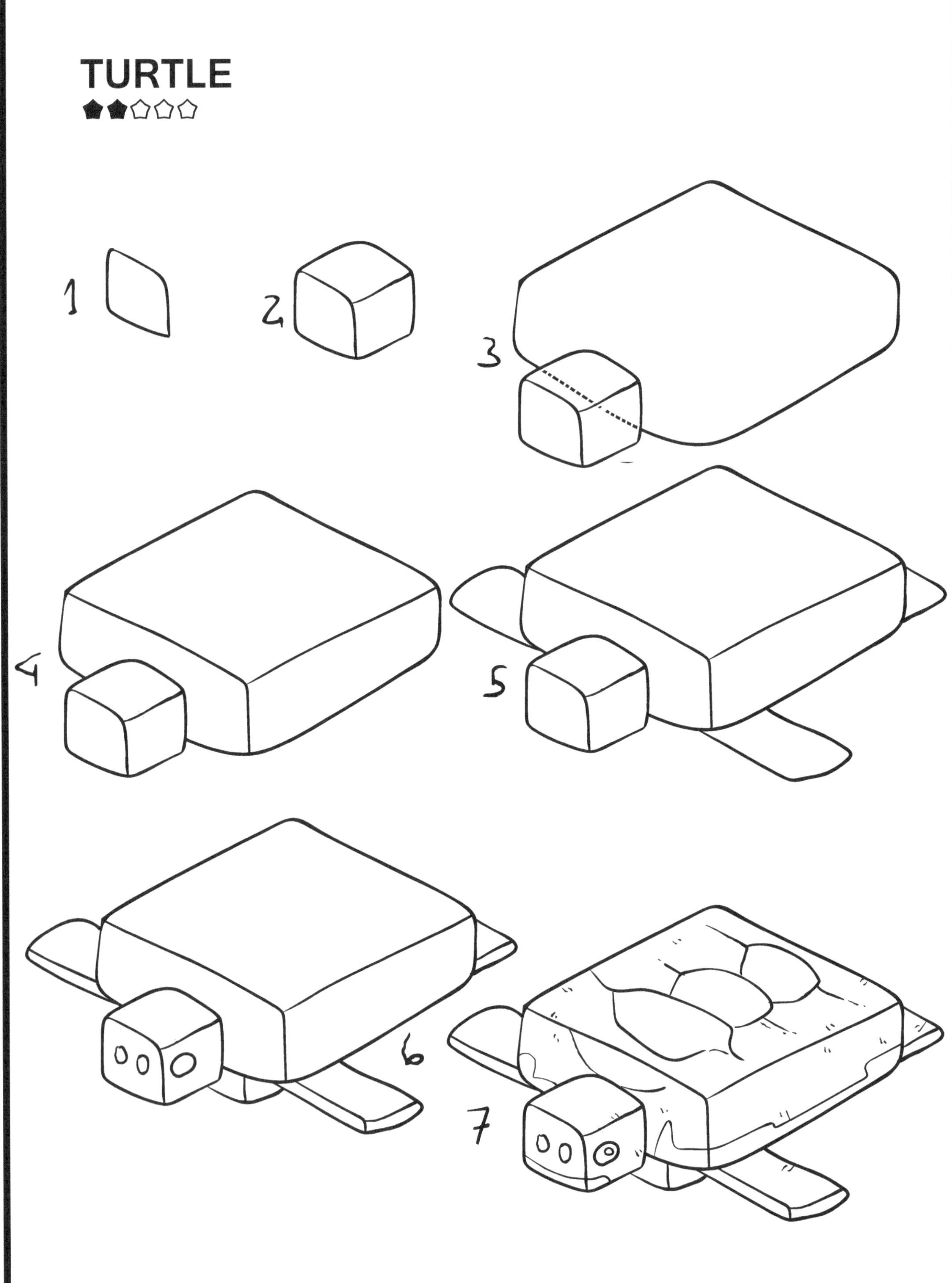

Now, it's your turn

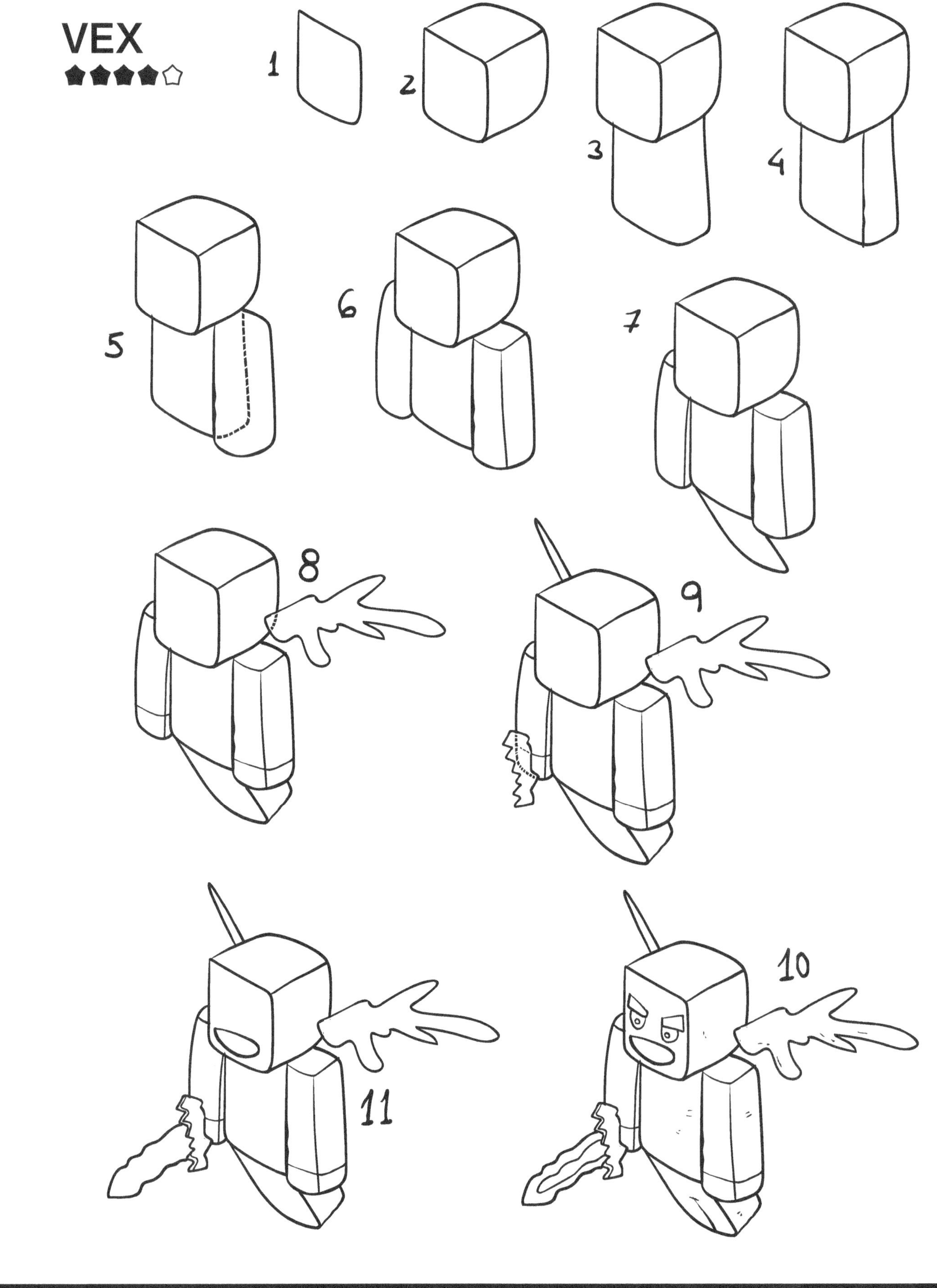

VEX
1
2
3
4
5
6
7
8
9
10
11

Now, it's your turn

VILLAGER
★★★☆☆

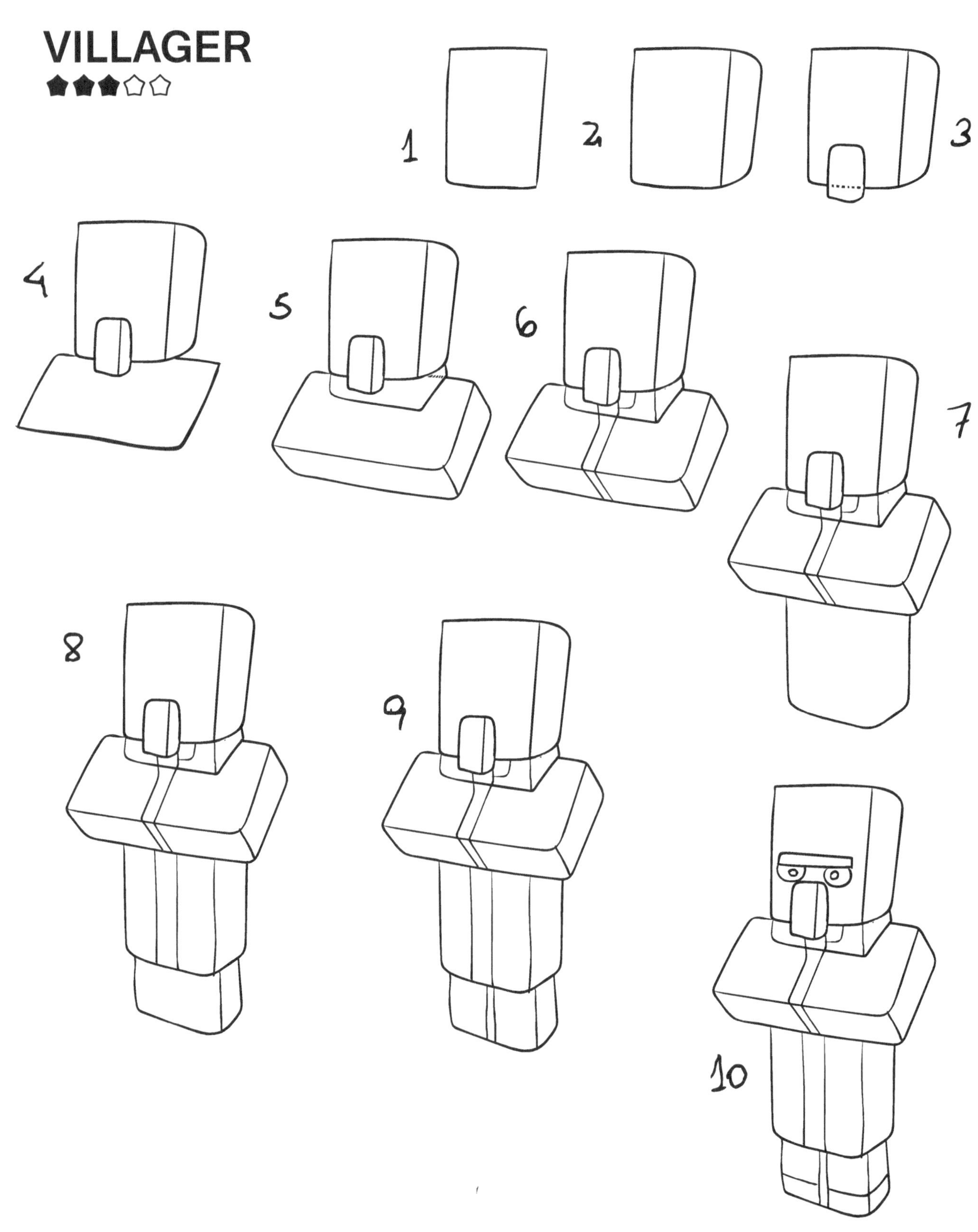

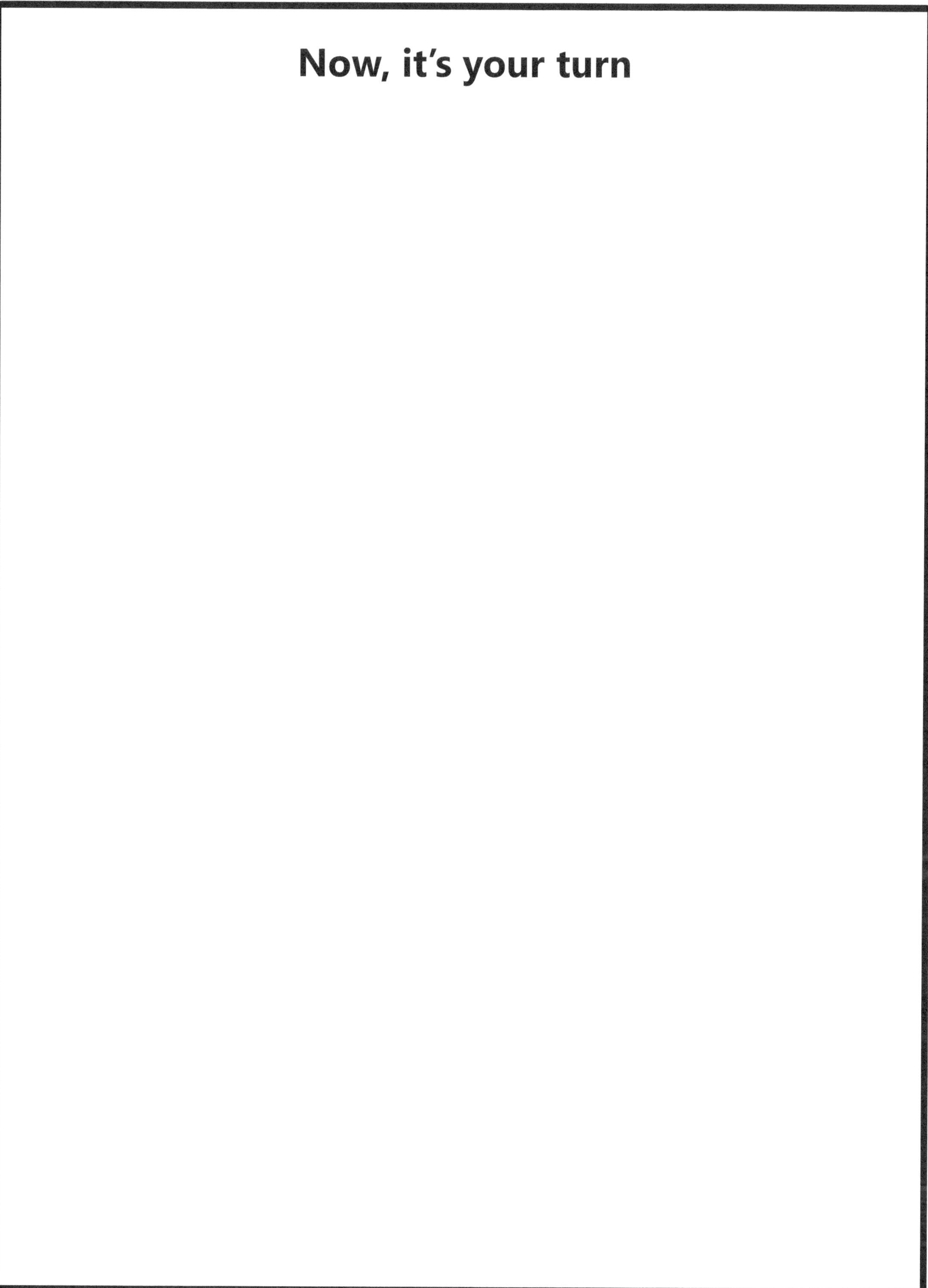

Now, it's your turn

VINDICATOR

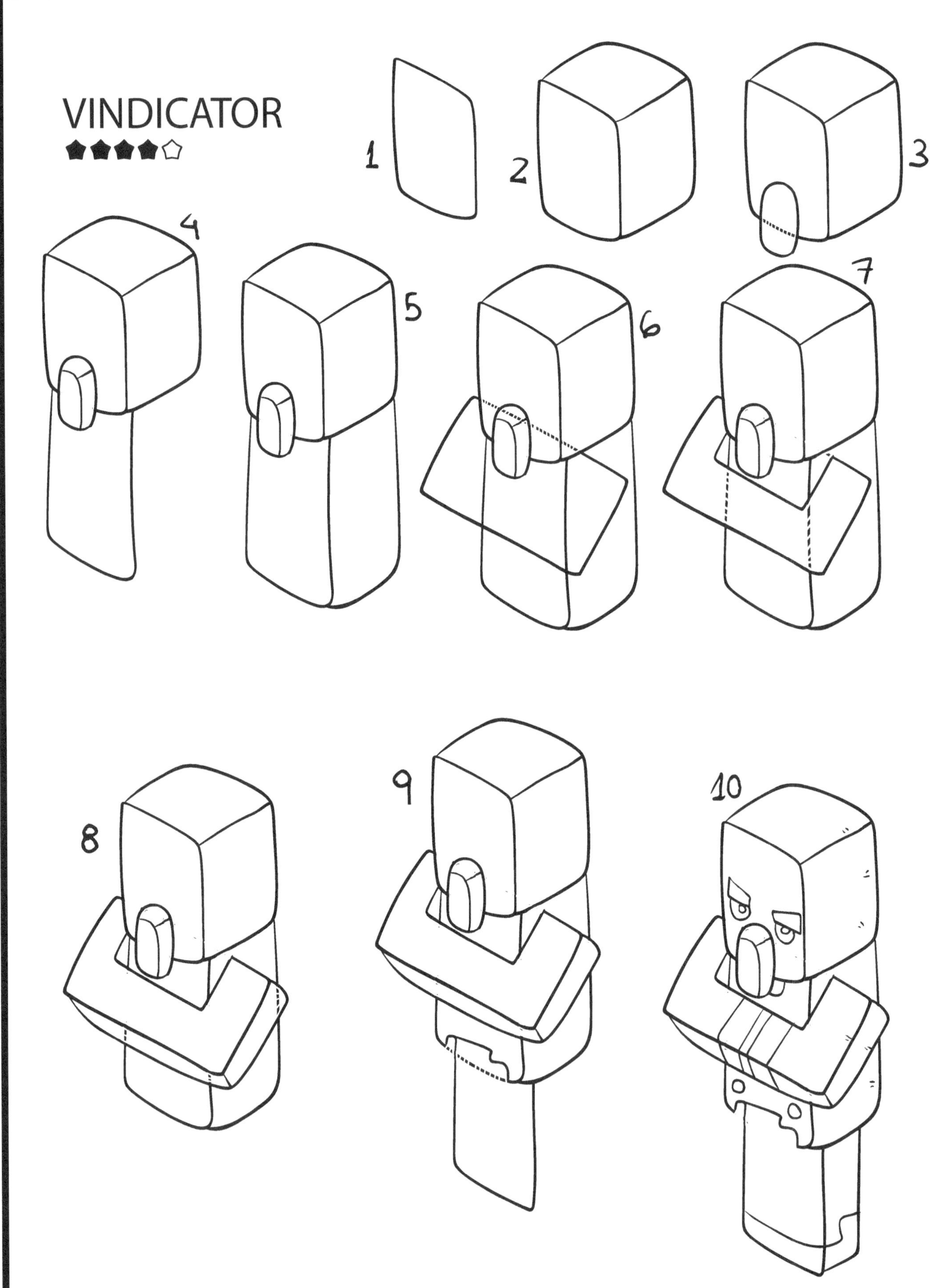

Now, it's your turn

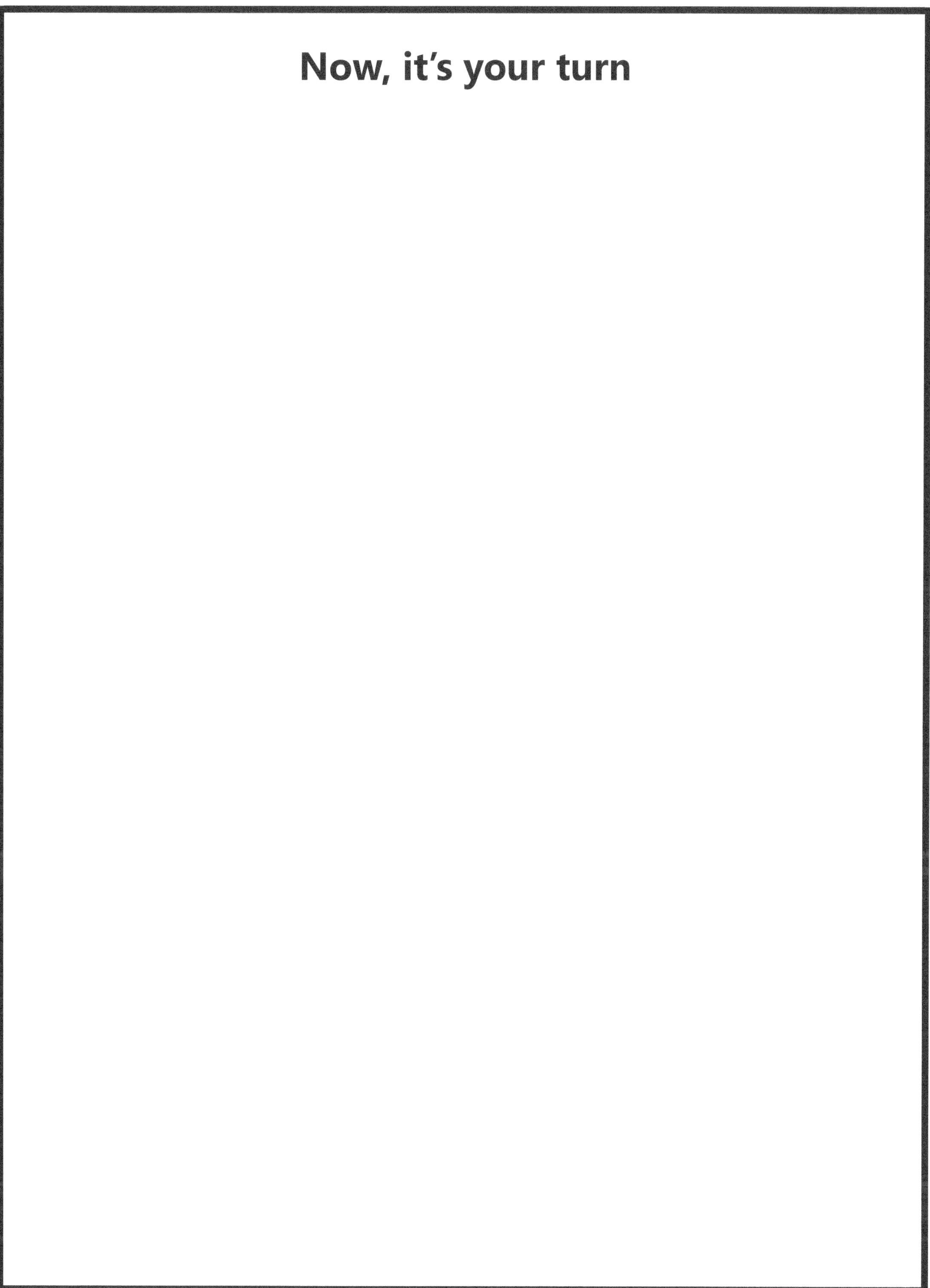

WANDERING
TRADER

★★★★☆

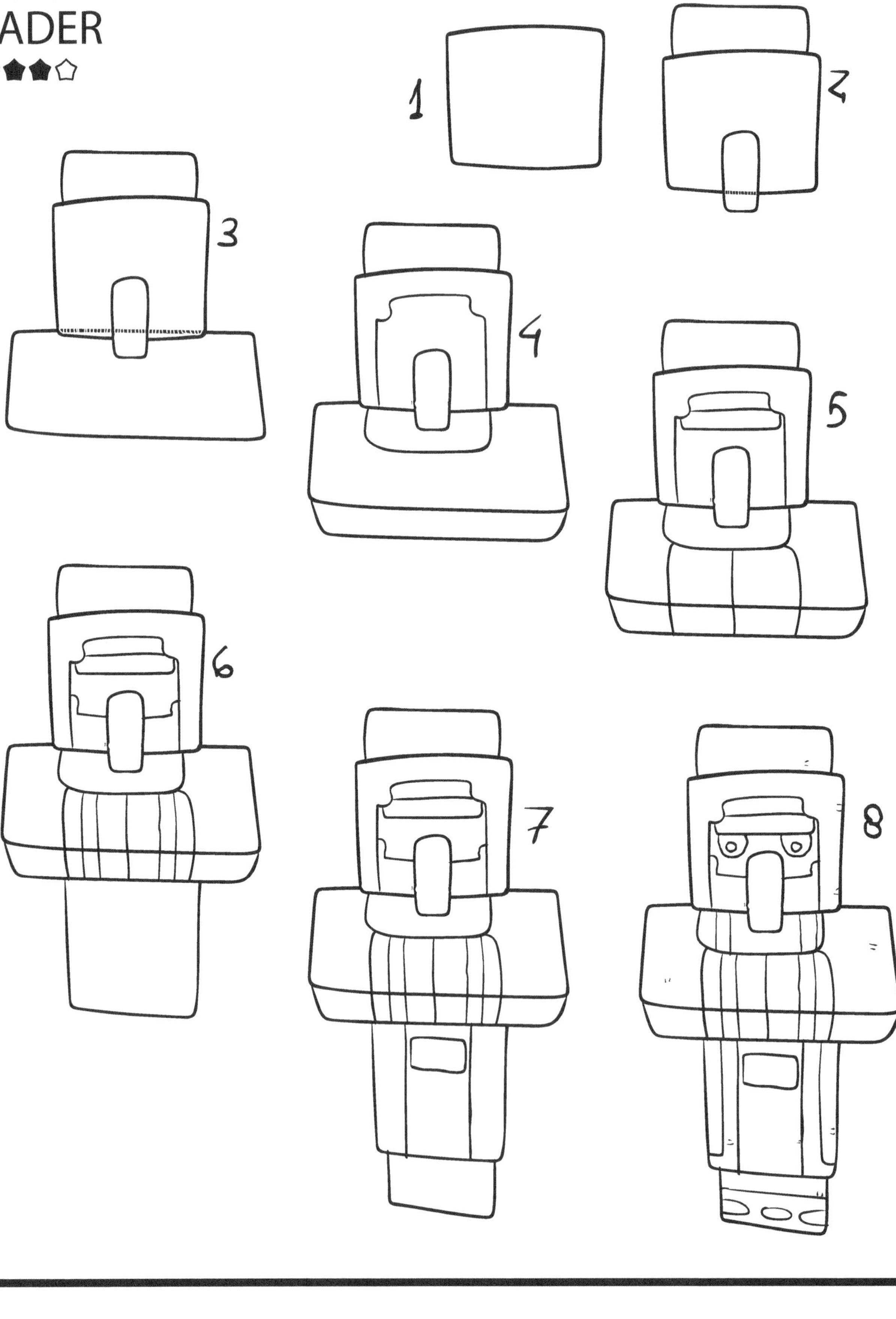

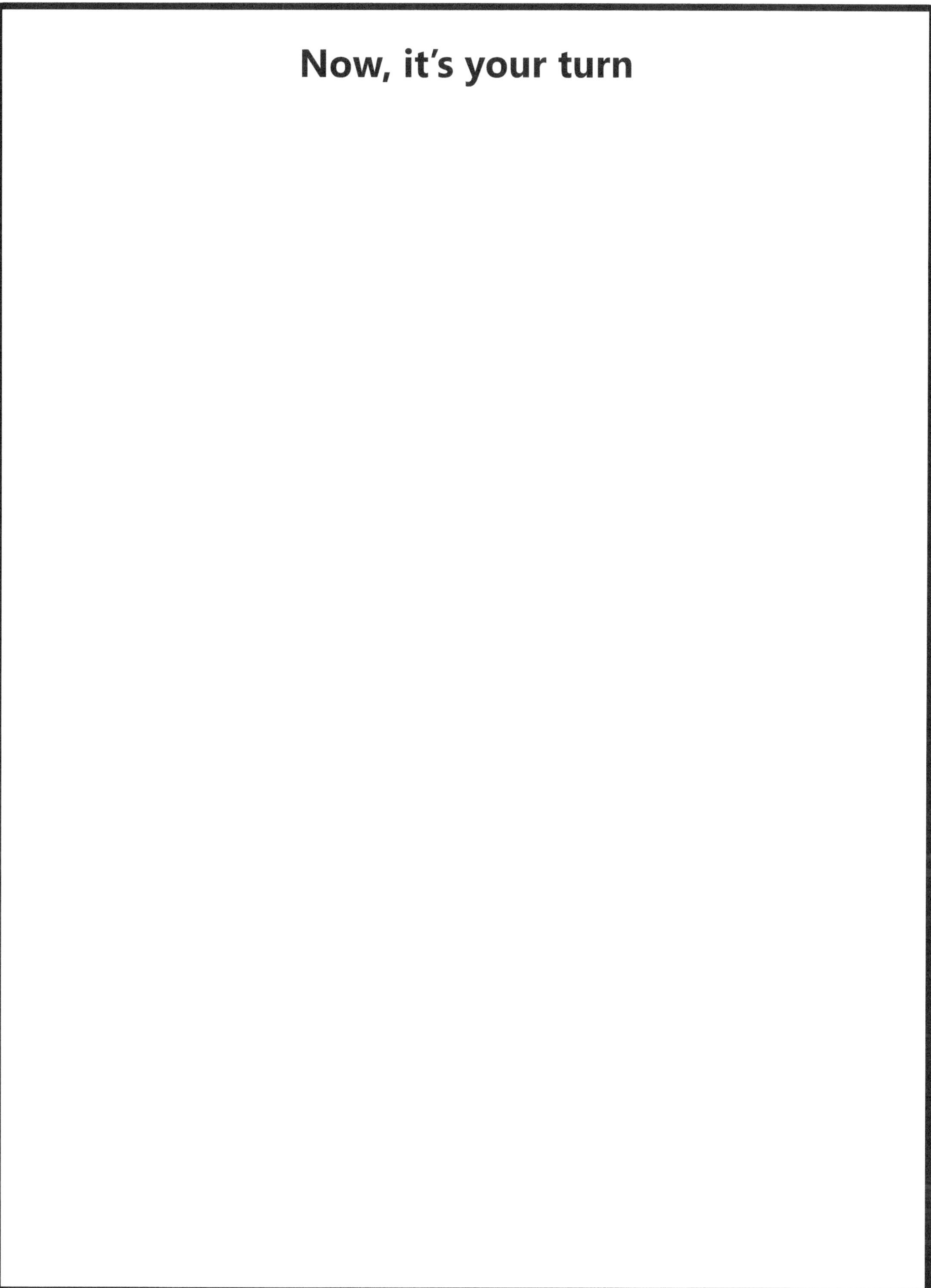

Now, it's your turn

WITCH

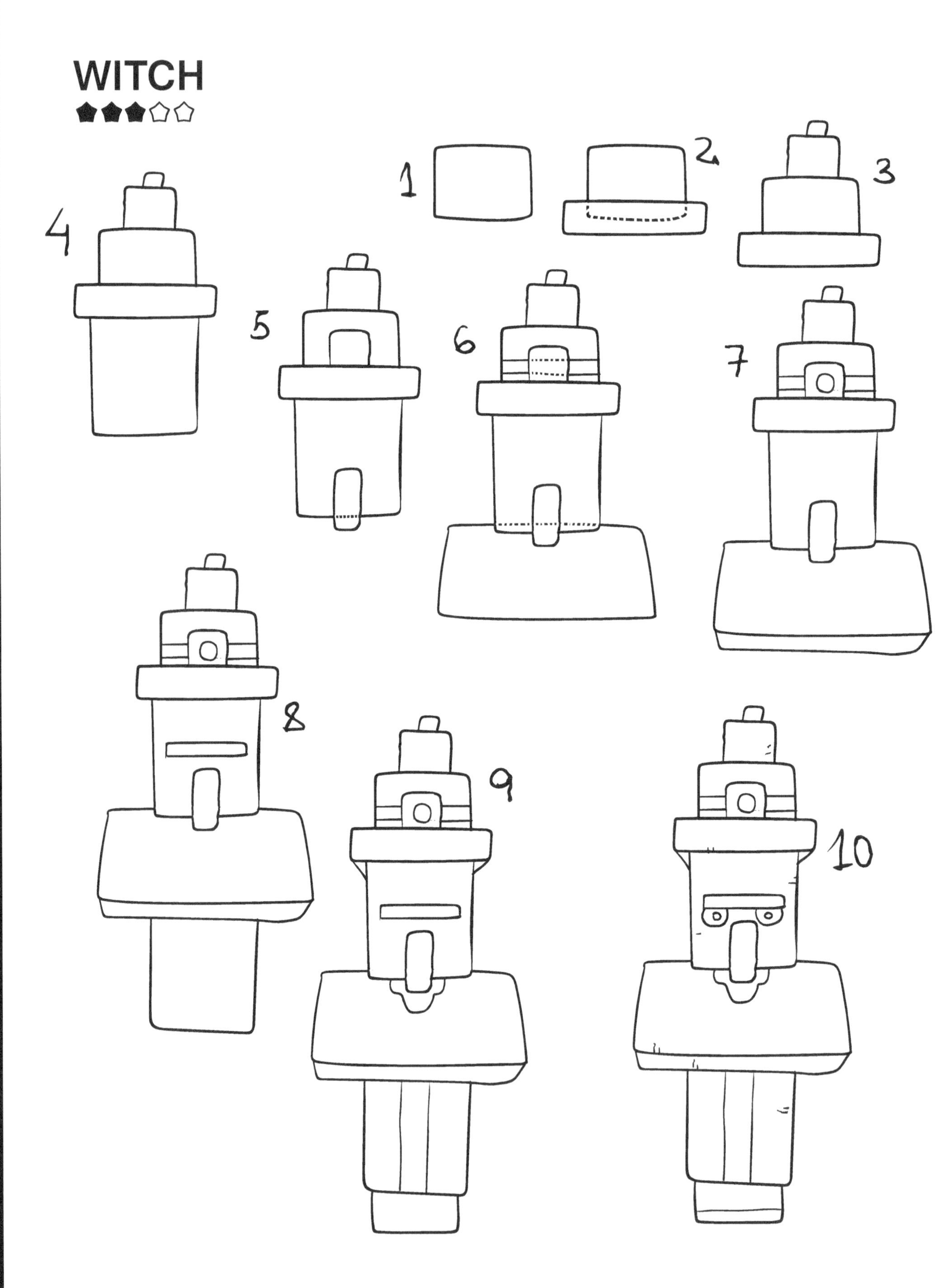

Now, it's your turn

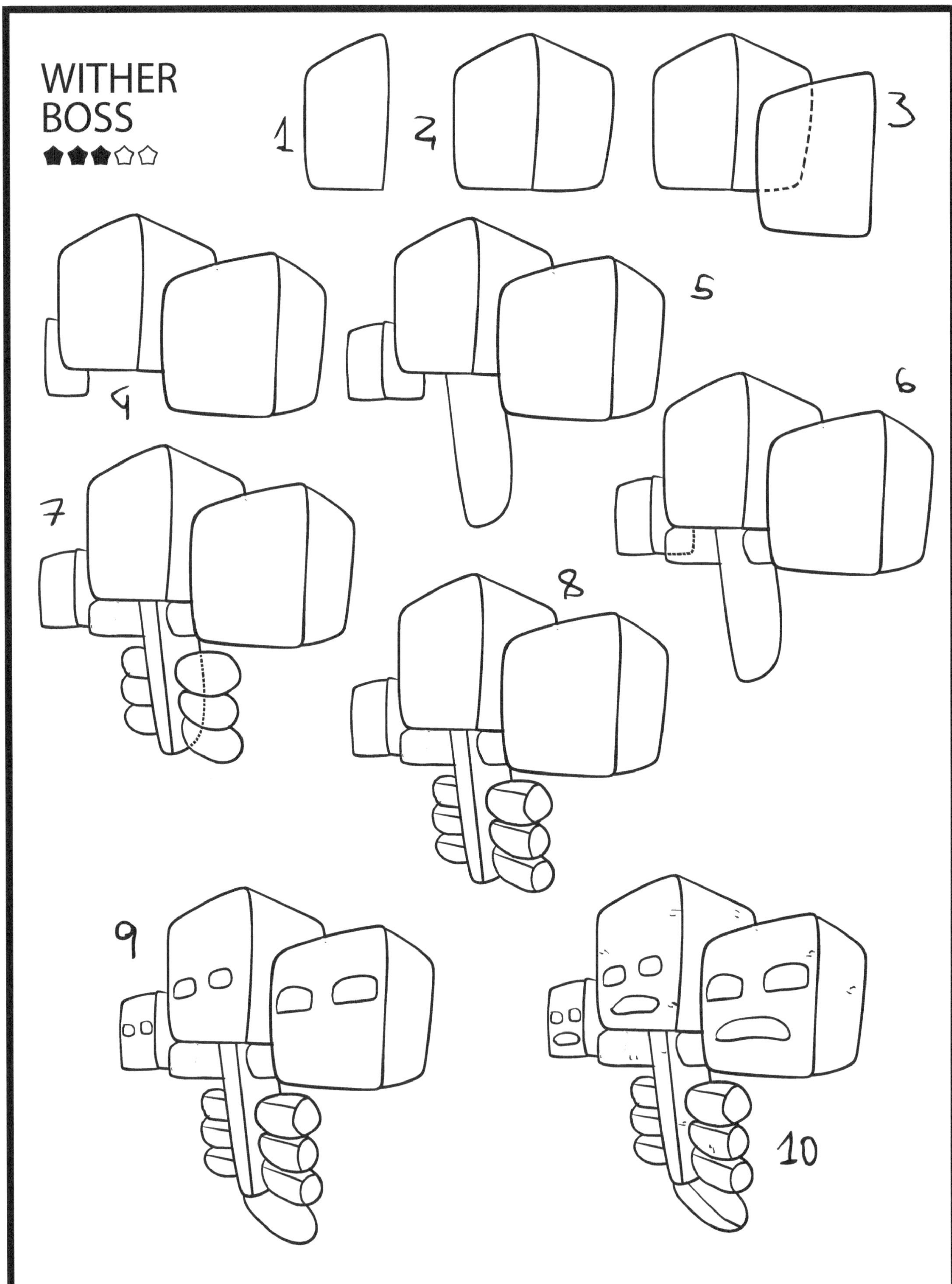

WITHER
BOSS
1
2
3
4
5
6
7
8
9
10

Now, it's your turn

WITHER SKELETON

★★★☆☆

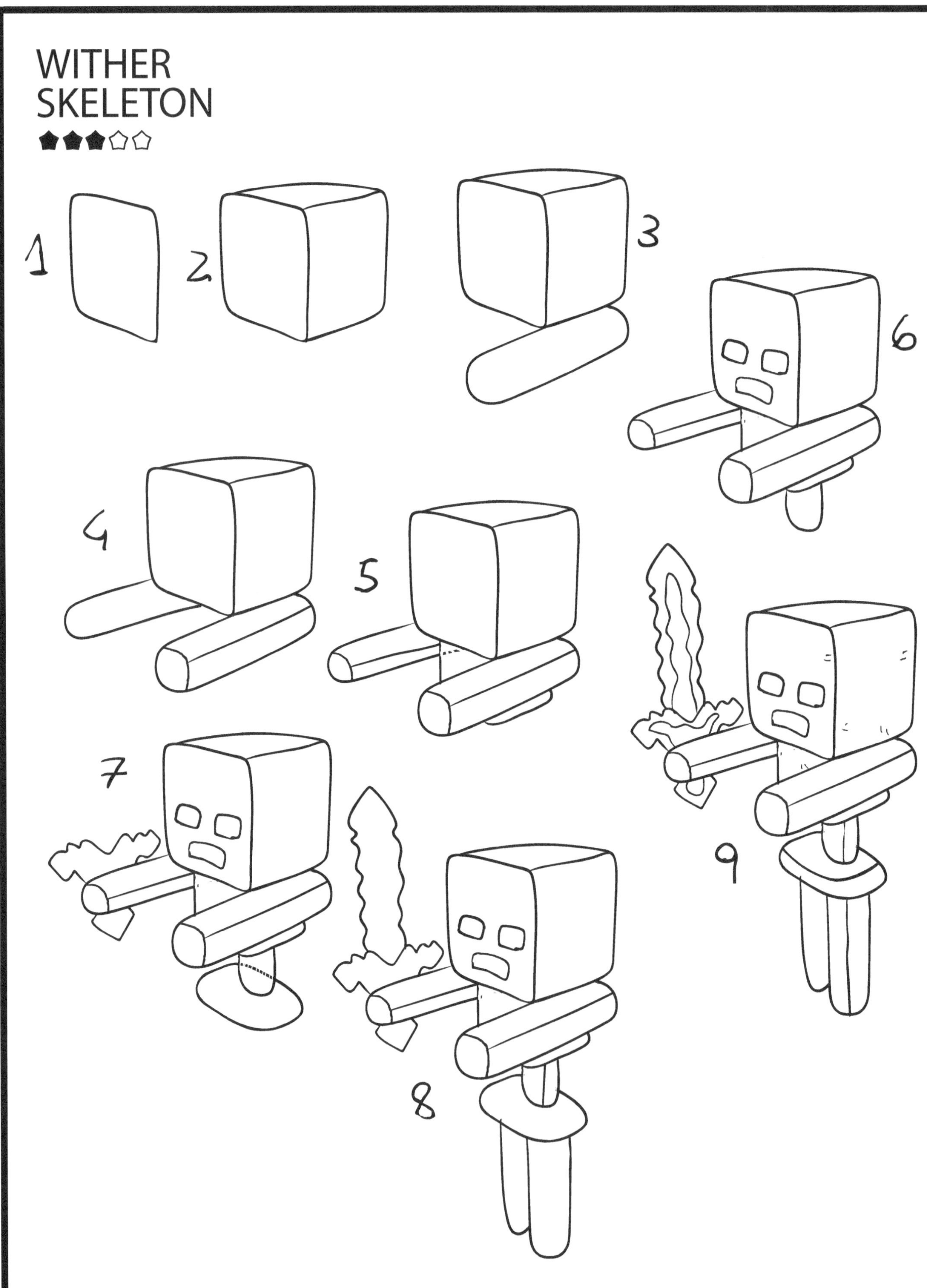

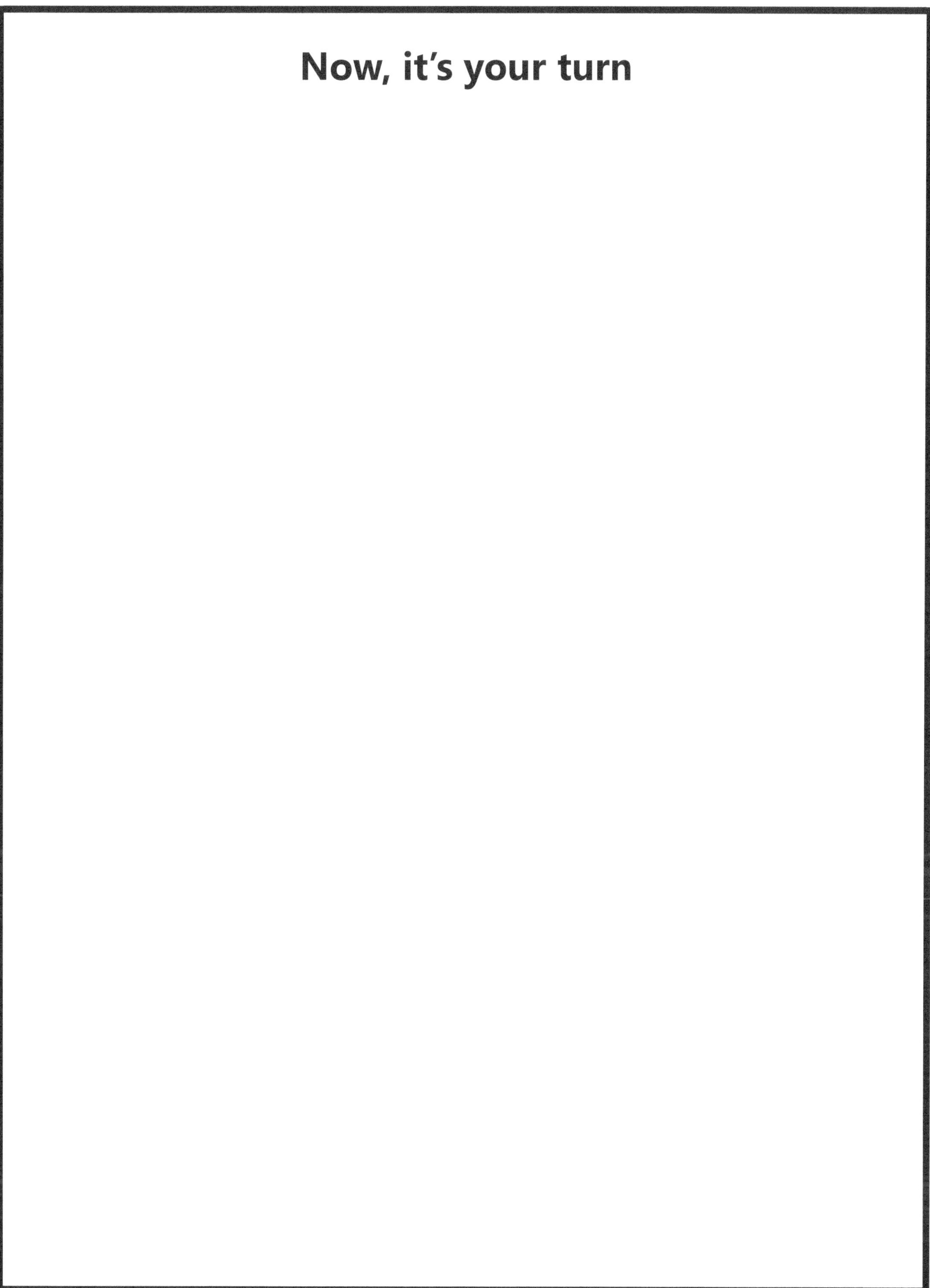

Now, it's your turn

WOLF

Now, it's your turn

ZOGLIN

★★★★☆

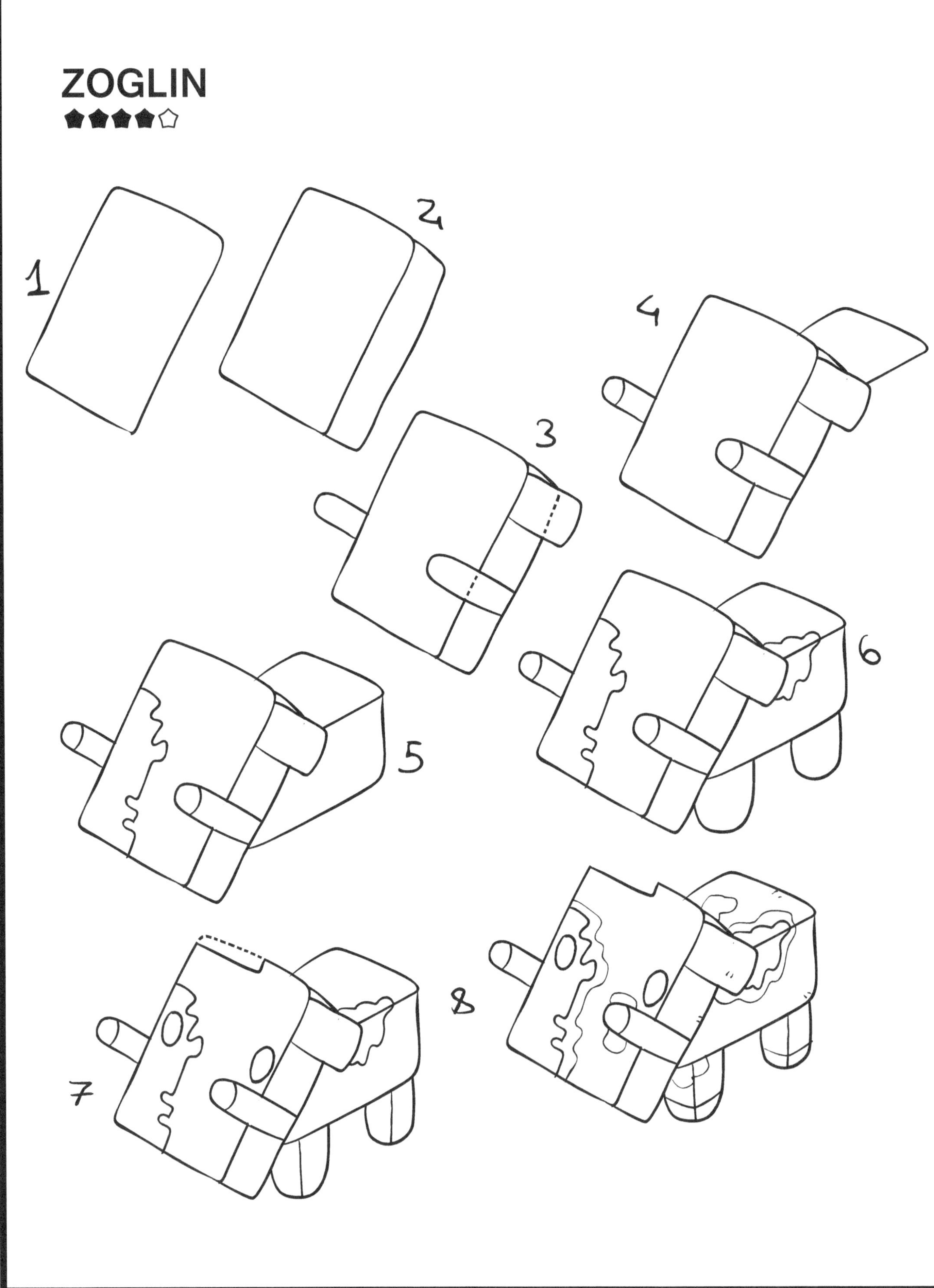

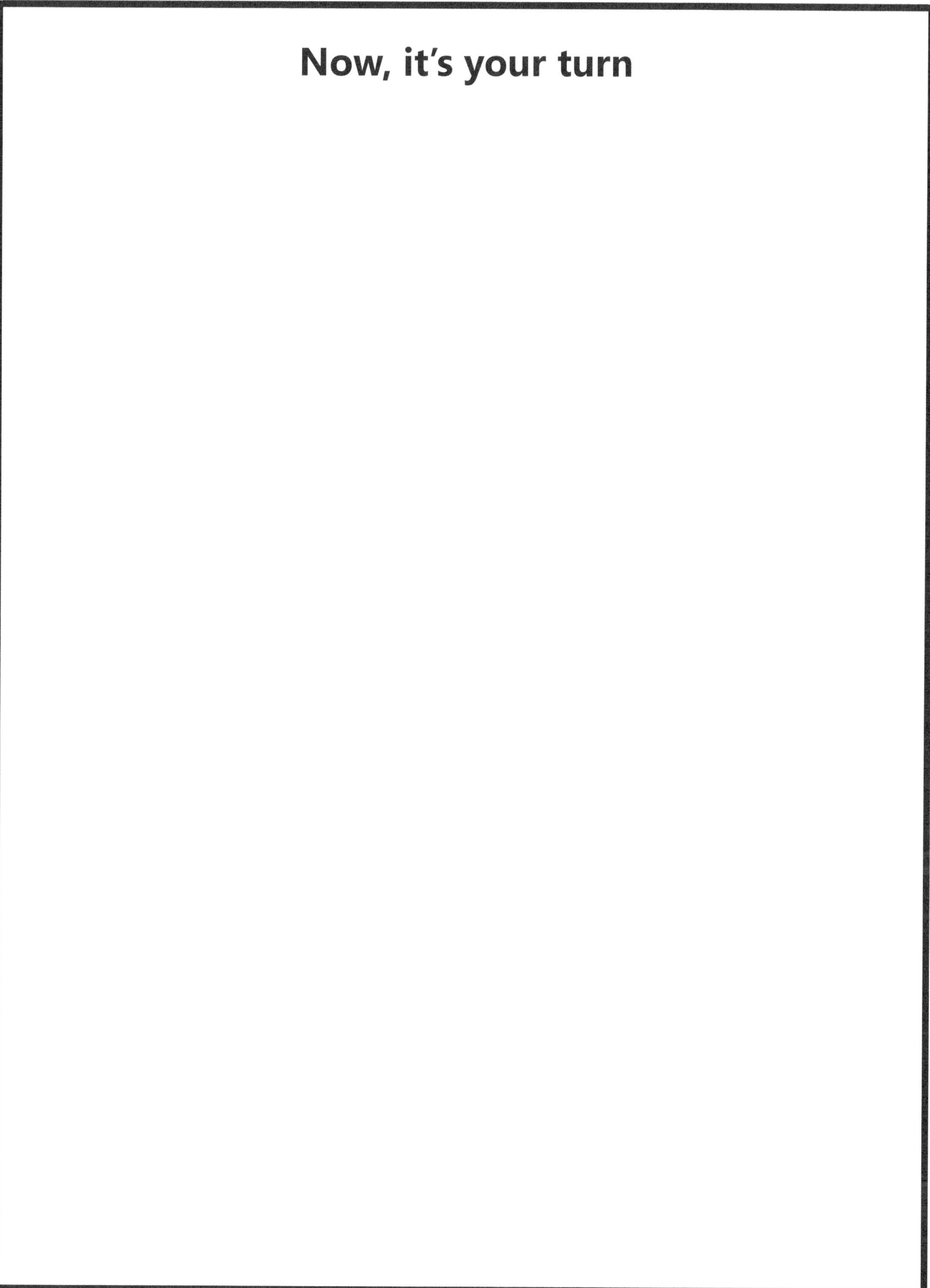

Now, it's your turn

ZOMBIE
HORSE

★★★★★

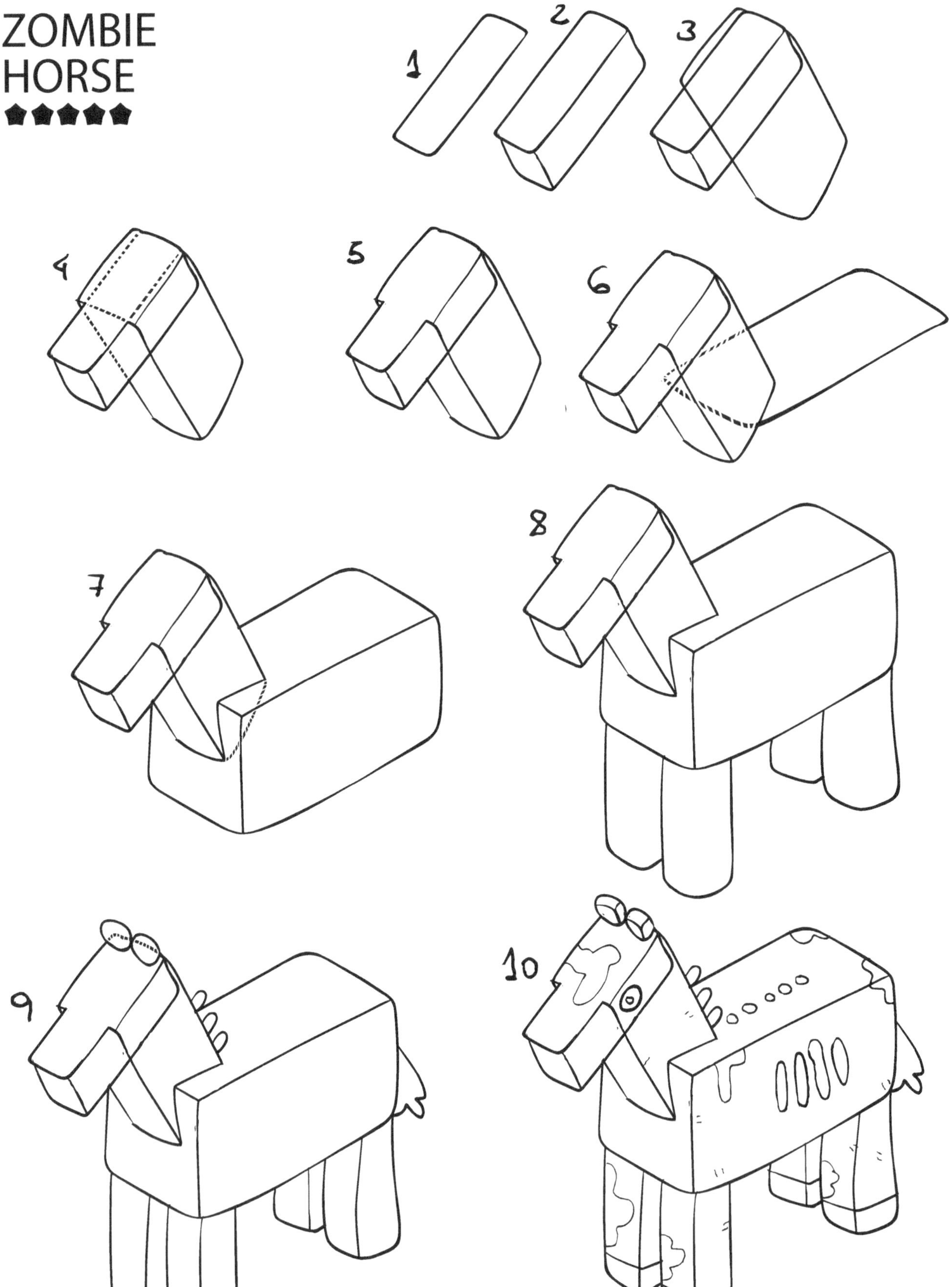

1

2

3

4

5

6

7

8

9

10

Now, it's your turn

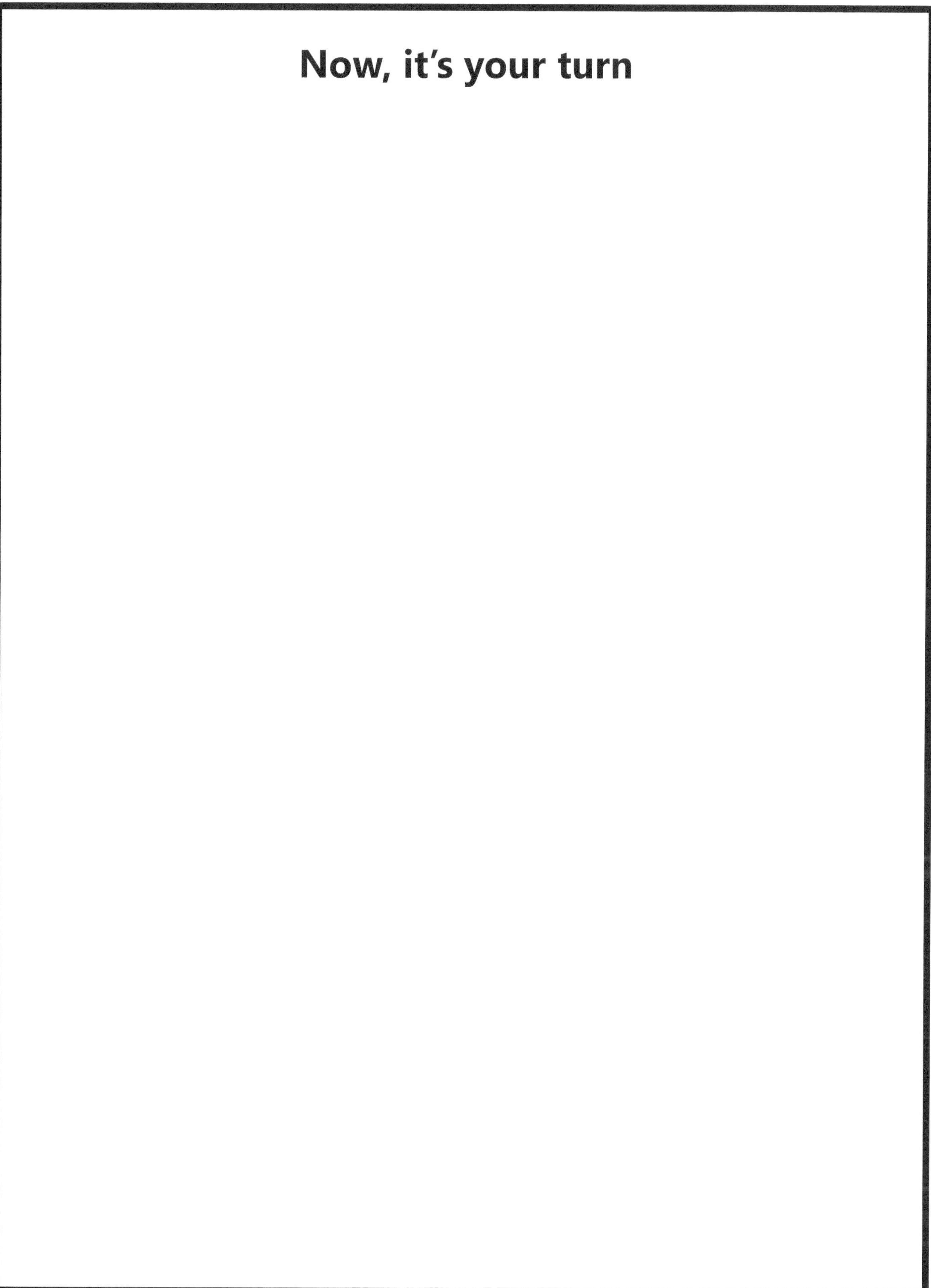

ZOMBIE
PIGMAN

★★★★★

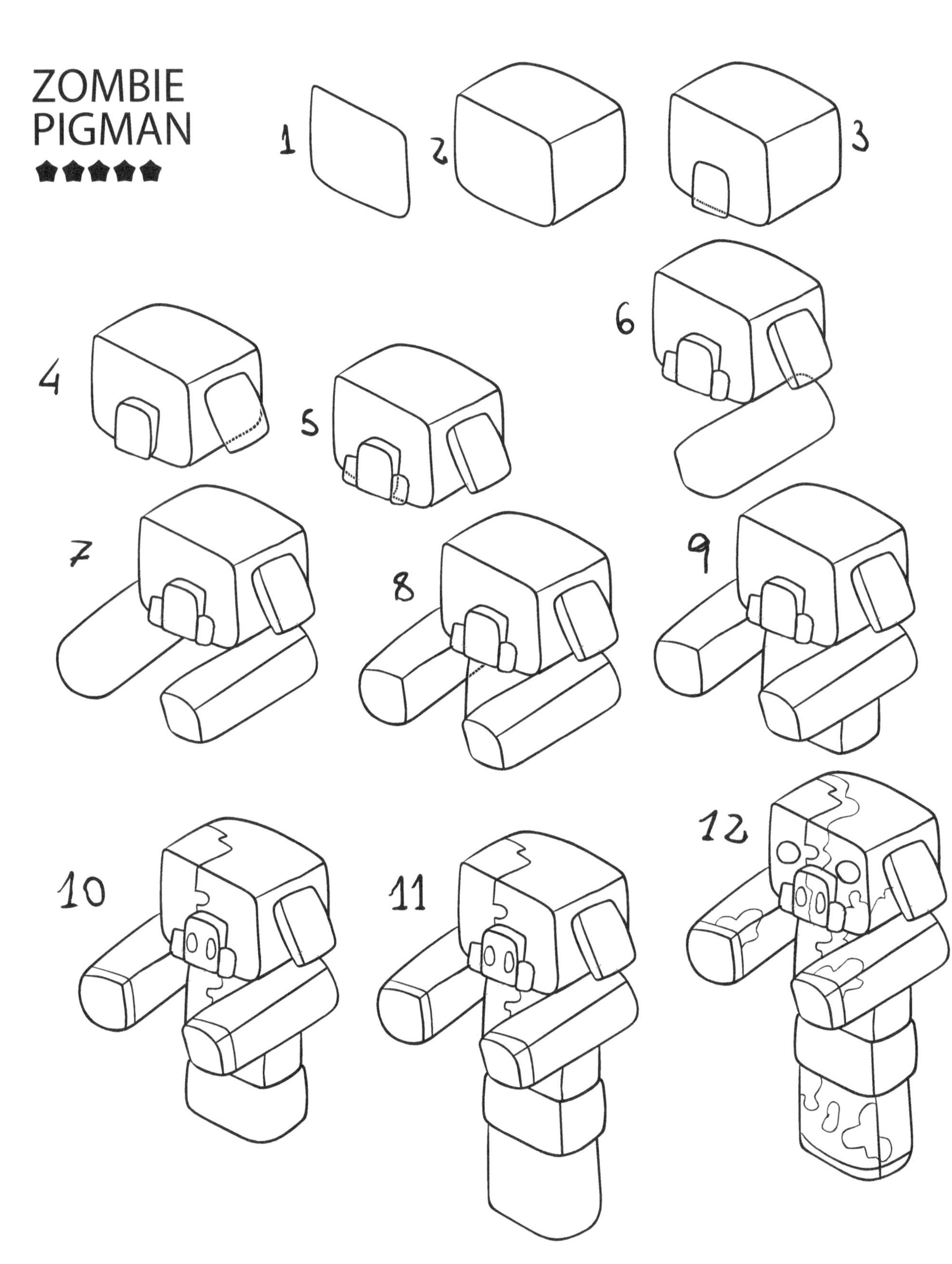

Now, it's your turn

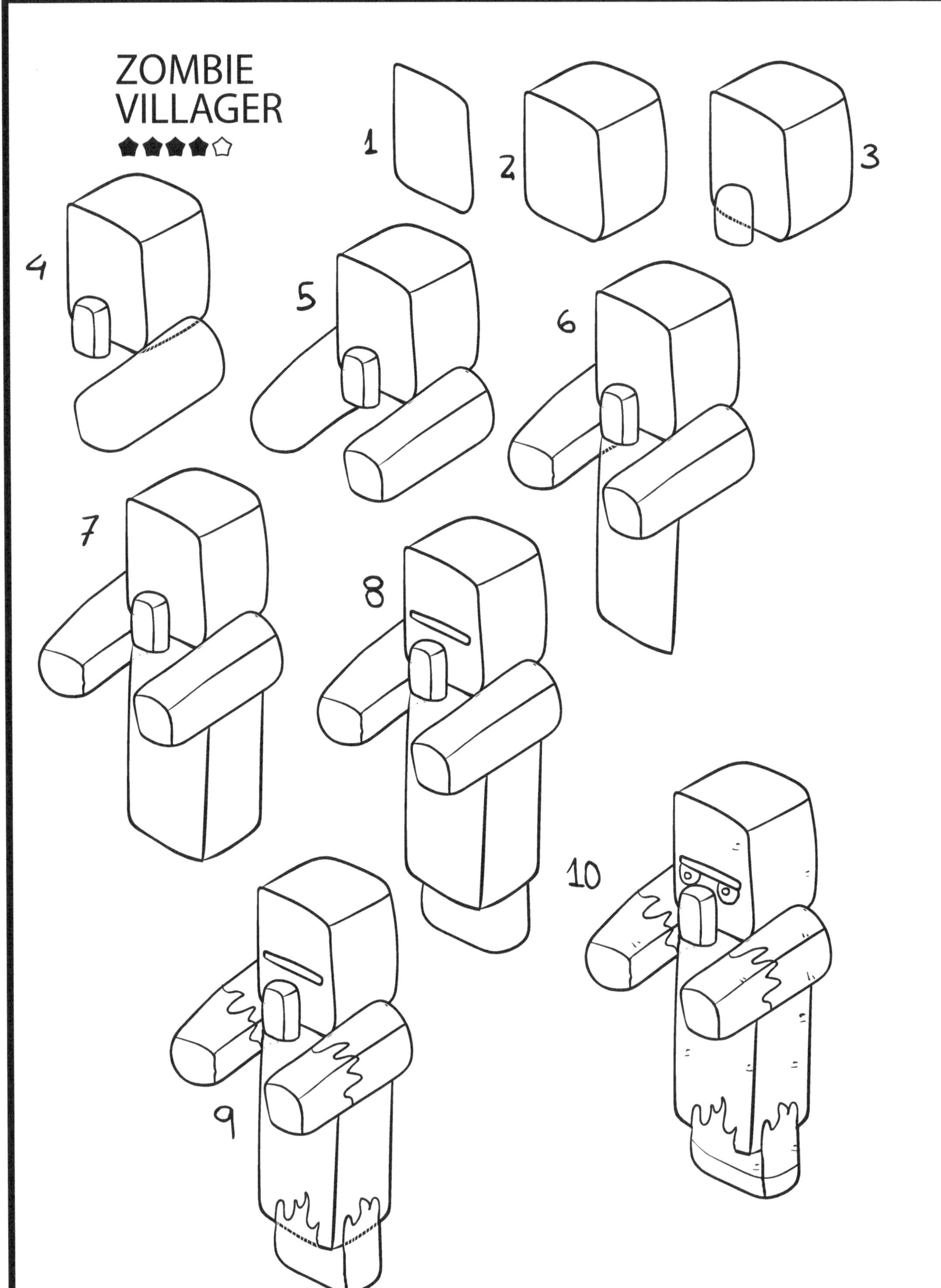

ZOMBIE
VILLAGER
1
2
3
4
5
6
7
8
9
10

Now, it's your turn

ZOMBIE

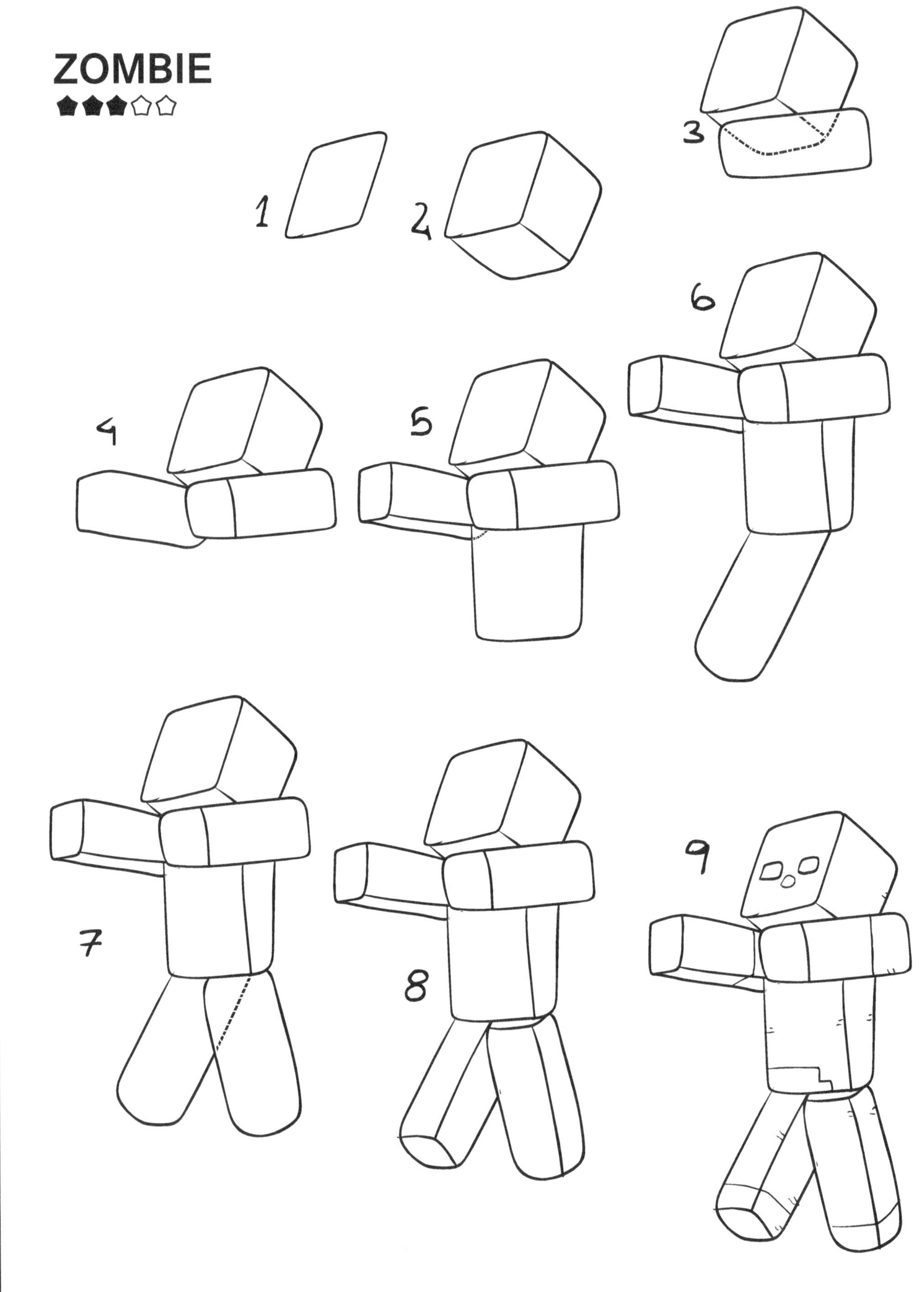

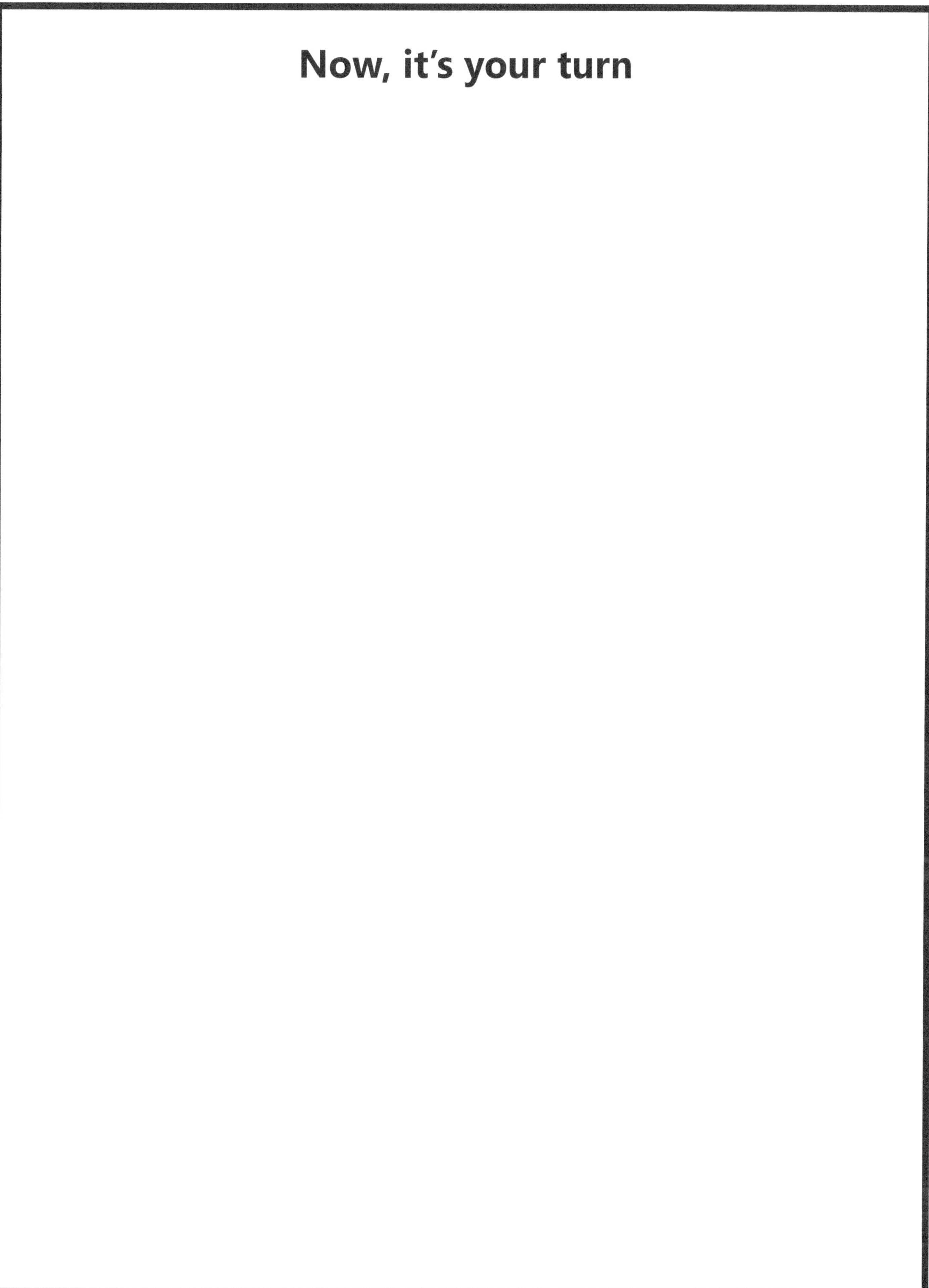

Now, it's your turn